平成をあるく

共同通信社 編

柘植書房新社

平成をあるく◆目次

＊本文に登場する人物の敬称は略し、年齢、肩書きは、新聞掲載時のまま収録したことをお断わりします。

巻頭言「時代と向き合う」

自ら考え判断する日本人に
起業する若者たちに期待

田原総一朗

昭和天皇が亡くなり、ソ連が解体して冷戦が溶融し、バブル経済の崩壊で高度経済成長も終わった。つまり平成の始まりは時代の大きな転換点だった。これで「戦後」も終わるはずだったが、実際は、その後も日本では「戦後」が続いている。

では「戦後」とは何か。安全保障をアメリカに依存する、対米従属の時代のことである。

冷戦が終結して間もない１９９１年、湾岸戦争が起きた。海部俊樹《かいふ・としき》内閣は１３０億ドルを拠出したものの、自衛隊を派遣しなかった。２００３年にはイラク戦争が勃発。小泉純一郎《こいずみ・じゅんいちろう》首相は戦争支持を表明したが、自衛隊派遣はフセイン大統領の身柄拘束後で、人道復興支援の名目だった。要するに、水くみに行ったのだ。

戦後、日本はアメリカの戦争に一切巻き込まれることはなく、自衛隊員の戦死者もゼロである。対米従属だから「共に戦おう」とアメリカから求められると、はっきり「ＮＯ」とは言えない。そこでどうするのか。分かりやすく言うと「あなたの国が難しい日本国憲法を押しつけたから行けない。行くとしても水くみしかできない」と、平和憲法をうまく使って非戦を維持してきたのだ。

軍隊というのは本来、戦えるときには戦ってしまう組織である。旧陸海軍は、1年半ほどで石油が枯渇し、勝てる見込みがないのを知りながら、太平洋戦争に突入した。

戦争を知っている世代の首相は、こうした軍隊の特徴も知っている。だから憲法を変えようとしなかった。憲法改正を言いだし、集団的自衛権の行使容認への道をつけたのは、戦争を知らない戦後生まれの首相、安倍晋三《あべ・しんぞう》さんだった。

しかし、安倍首相も対米従属をやめようとしない。「自立」すれば膨大な防衛費を負担しなければならないので、そういう事態は「ないこと」として考えないようにしている。昨年、米軍ヘリが沖縄で炎上した際の対応をみても明らかだ。

日本の一番の「国難」は、北朝鮮の核・ミサイル開発ではなく、少子高齢化、人口減少である。100年後には日本の人口が5千万人を切るという推計もあるのに、真剣な議論にならない。安倍さんをはじめ政治家たちは、20年、30年後を見据えた政策を立てない。

重大な事案を「ないこと」にする例は、平成の大惨事、東京電力福島第1原発事故にも見られる。建設に反対する住民が「原発は危険だ」と訴えた時、東京電力は「原発は絶対安全で事故は起こらない」と反論してきた。事故は「ないこと」にしたわけだ。

さらに、原発事故が起きたのに自民党に原発問題を統括する責任者がいない。使用済み核燃料は約1万8千トンあるが、どこに最終処分場を造るのかという計画すらない。

問題を抱えているのは政治の世界だけではない。東芝、日産自動車、神戸製鋼所などで次々と深刻な事態が生じた。原因は、悪い意味で社員らが「サラリーマン化」していることにある。社会を良くしようと目的を持って働くのではなく、上司に言われるまま「ただ働くだけ」になってしまった。

日本人は皆、自分で物事を考えず、判断もしないようになった。これが一番の問題だ。アイデンティティークライシス、自己喪失である。平成はどんな時代だったかと問われれば、「アイデンティティークライシスの時代」と答えるだろう。

だが現在、社会を変えるために起業する若者が増えている。もうけるためではなく、社会を変えるためにである。私が知っているだけでも千人以上いる。こうした若者たちに期待したい。

田原総一朗氏の略歴

たはら・そういちろう　1934年滋賀県生まれ。早稲田大卒業後、岩波映画製作所、東京12チャンネル（現テレビ東京）を経て、77年フリーに。「朝まで生テレビ!」「サンデープロジェクト」でテレビジャーナリズムに新風を吹き込んだ。98年、戦後の放送ジャーナリスト1人を選ぶ城戸又一（きど・またいち）賞を受賞。「日本の戦争」「暴走司会者」など著書多数。

大型識者座談会「平成を振り返る」

一億総すくみの時代　――高村薫
不安に取りつかれる　――磯田道史
米国のパンチ効いた　――斉藤惇
公正、多様を評価　――水無田気流

平成が終わり、令和の時代が始まる。インターネットが台頭し、政権交代が実現、経済停滞で社会格差が広がって、災害も相次いだ。そんな30年を元東証社長の斉藤惇氏、作家の高村薫氏、歴史学者の磯田道史氏、詩人で社会学者の水無田気流氏が振り返った。（司会は共同通信社論説委員長　橋詰邦弘）

×　×

――平成はどんな時代だったか。色紙で説明を。

高村　「この国の下り坂を見た　一億総すくみ」。平成に始まったことではないが、特にこの30年は政治家も国民も時代状況を読み損ね、世界の潮流に後れを取り続け、その果てに思考停止した時代だった。まさに一億総すくみ。誰も次の一歩をどう踏み出していいのか分からないまま時間が過ぎ、今に至っている。

しかも、私たち日本人が目の当たりにしているのは、これまでの景気後退とは様子の違う、まさに下り坂に差し掛かった一つの国家の姿だ。アフリカや中東のように内戦や戦争で国家が疲弊することは、ままあるけれども、日本は長い平和と繁栄の果てに、気が付けば少子高齢化による国力の低下と経済成長の終わりを迎えていた。日が少しずつ翳《かげ》ってゆくのを、ただ見ていることしかできない私たちがいる。

斉藤　「将来への備えなく今を楽しみ過ぎた三十年」。昭和の戦争が終わり、日本人はゼロから生きてきた。一定の富に到達し、豊かになったという一種の誤解とともに平成に入る。平均株価は１９８９（平成元）年末、最高値を付けた。７割の国民は「自分たちは中流」と満足し、世界的に見ると奇異な状態だった。

だが、本当は米国から強烈なパンチを食らっていた。政治家はそのことを国民にしっかり説明しなかった。

米国のパンチは非常に効き、自動車、通信、半導体といった産業が駄目になっていく。

日本人は迷いだし、自分の道が分からなくなった。長期ビジョンを持って備え、努力して頑張るという考え方をなくし「今日満足すればいい」「今だけを生きる」という状態になっている。

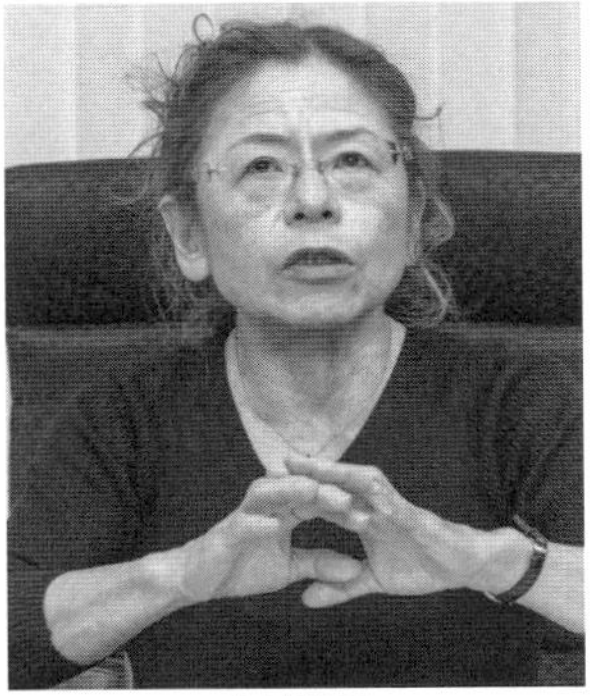

高村薫氏

天下災平

磯田　「昭和は元禄にして　平成は宝永なり　天下災平なりし」。昭和はある種の頂点の時代。亡くなった堺屋太一さんは「峠の時代」と言った。元禄期の世界人口は約６億人で、日本は３千万人。この小さな島国に世界の20人に１人が生きているという奇跡の時代だった。人口は平成期に頂点に達したが、徐々に縮小し、現在は60人に１人程度が住むだけだ。

斉藤惇氏

経済の面でも、僕が70（昭和45）年に生まれる前から2009（平成21）年まで、日本の経済規模は世界2位で、中国より大きかった。日中数千年の歴史のうち、中国より規模が大きい時代があった。

この期間の最後は平成と重なるが、宝永期と同じく下り坂の時代。宝永期に入ってから江戸の経済は停滞し、成長が途切れた。大地震を含め自然災害が続き、飢饉《ききん》も起こる。戦災はないが、天災があった。

平成の時代には、日本の兵士が外国に行き、誰かを撃ち殺すということも、多数の国民が戦争に巻き込まれることもなかった。天皇陛下が先日、「戦争のない時代として終わろうとしていることに心から安堵《あんど》している」と言われたように、これらは平成の良い点だ。「平らかではあるが、災害はあった」という意味で「災平」の時代と感じている。

可能性の芽も

水無田　「無常識の時代」。日本に限らないが、旧来の体制や枠組みが液状化している。これまでの常識がなくなったという意味で、非常識ではなく「無常識」。政治の世界では、55年体制が細川政権で解体、冷戦構造が瓦解《がかい》する。かつては米国の「核の傘」の下、軍事を米国に外注し経済だけを見ていればよかったが、領土問題の多発など国際政治の現実が目に見えるようになってきた。

経済も平成はバブルという異常な形で始まった。それが崩壊し、リーマン・ショック、長期のデフレと続き、日本は停滞、衰退の時代に入る。

昭和は、安定した政治、繁栄した経済、希望の持てる国民生活の三位一体の時代。新幹線のように速く、東京タワーのように高く、インスタントラーメンのように簡便に早くの「速く、高く、早く」を実現した。今は逆に縮小経済が基調の時代。国民の欲望の沸点が低くなっており、異性関係などに淡泊な「草食男子」という言葉がはやる。

ただ、平成期を「下り坂」と一言でくくっていいのかとの思いもある。ITの発達でネット空間と現実社会の垣根がなくなる。物を所有しなくても、速やかな情報の収集・移動・拡散・集中が可能になった。旧来の安定・安心の礎は解体しつつあるが、新しい可能性の芽も出ている。

ITで中抜き

——ITやデジタルの進展が、この30年間の最大の特徴だろう。

磯田道史氏

磯田　ITを飛び越え、人工知能（AI）の時代に入ったと言える。人類史上、農業や工業が始まった時に匹敵し、数百年、千年に1回という変化の入り口にある。

日本人は工場を建てたり、車を造ったりするのには向いていたが、ITやAIはどうか。かつて「TRON」という基本ソフト（OS）を作ったが、世界標準にできず、ウィンドウズやマックに席巻された。21世紀に入り、日本人はきっかけをつくることはできたが、その果実を手にできなかった。そのことを考えなければならない。

いずれ機械が人間に取って代わる。ライフル銃が登場し、武士の身分が意味を失ったように、日本人はこれから不安に取りつかれる時代になる。

高村　情報通信技術の高度化は、結果的に人間の能力では到底処理しきれない量の情報を、ネットというテーブルに載せた。

水無田気流氏

その大量の情報を、必要に応じて仕分けして意味付けするのがＡＩだが、人間はＡＩが一つの答えを導き出す過程を知ることができない。単にそういうものとして結果を受け取るだけだ。

人間の手では導き出せなかった解を一瞬にして導くＡＩと、これから人間がどう向き合ってゆくか。もはやＡＩ抜きの社会は考えられないけれども、ＡＩに頼りきり、任せきりになって思考力を退化させた人間の未来が明るいとは思えない。

科学技術の推進とコントロール、積極的な利用と抑制を、人間が冷静に考えるには、最先端技術に沸く中国や米国より、社会が停滞している日本の方が向いていると思うが、若い世代は快適や刺激、享楽の方を選ぶかもしれない。

斉藤　ＩＴ時代に入り、中間がスキップされる画期的な社会構造になり、生産者が消費者と直結した。日本の多くの企業が非常に苦戦を強いられている。

ＩＴ技術に参加できる人はベンチャー企業をつくり、数人が集まって起業し利益集団になる。参加できない労働者は大量失業の時代を迎える。

ＩＴがここまで普通の生活に入ると、社会の仕組みが変わってしまう。社会構造の不安定さ、貧富の格差という大きな問題を投げ掛けている。

変わる意識

水無田　情報の洪水の中で思考力が衰えることを、社会学では「麻酔的逆機能」と言う。本来、情報は人間の生活を豊かにして、適切な選択を可能にするはずなのに、逆方向に機能している。

ＩＴの深化によって人々の思考が世界化しつつある一方で、自分の好きな情報だけ集めて嗜好《しこう》に合わないものをシャットアウトし、会員制交流サイト（ＳＮＳ）で関心を引くことに熱中するような事態も同時進行している。非常に複雑だ。

他方、「アラブの春」や「＃ＭｅＴｏｏ」（「私も」の意）運動で、今まで声を上げられなかった人たちが発信できるようになった。特に不公正やハラスメントに関しては、女性だけでなく男性も意識が変わってきた。公正で多様なものがクール（格好いい）というメッセージが増えている。希望と捉えたい。

戦争と不良債権化
――平成の経済は。

斉藤　１９１９（大正８）年ごろからのバブルが米国を中心に恐慌をもたらした。これは戦争で解決した。平成も同じようなサイクルを描いている。ただ、今回は戦争で解決せず、世界の中央銀行が不良資産を買った。

低金利政策の良しあしという表面的な議論ではなく、どういうサイクルにいるのかを考えて、どのように富を分配していくのか、論議しなければならない。戦争に代わる病的な金融緩和のコストは、いずれ払わされる。

磯田 僕が大学に入学したときに平成になった。日本経済に対する当時の自己認識を反省している。銀行の不良債権が解消すれば、日本の経済は良くなると、新聞やテレビが言うことをうのみにしてしまった。間違いと認めざるを得ない。

あのとき問題だったのは、携帯電話やコンピューター、ＡＩなどの技術変化や、新しい発明品にどう伍《ご》していくか、どのように商売を興していくかだ。土地があるから金を貸せるといった銀行の論理ばかりが優先された。本当は、資本の量ではなく、脳内で発明されるもの、経済の制度や教育を改善することが大事だった。平成の初めに国民の大多数がそこに気付いて、まっしぐらに取り組まなければならなかったと思う。

水無田 内閣府の世論調査では、国民の６割超が不安を感じている。低成長時代に入り、安全安心の経済的基盤が失われつつあることが要因だ。

モノ消費からコト消費へといわれ、体験型消費に注目が集まる。住宅ローンを払い終えた中高年層は、まさにそう。20代は買い物好きが多いが、拡大拡張の昭和的な物質主義とは違う。消費意欲は低下傾向にあるが、購入前に機能や品質を十分に調べ、厳選した物を持ちたいという堅実思考だ。旅行なども、ボランティアやエコツーリズムといった、社会的意義に価値を見いだす消費が増えている。若者が消費をしないから駄目だと単純に考えるのではなく、細かい分析が必要だ。

処方箋なし

高村　80年代に会社員だった私は、普通の女子社員がお昼ご飯を食べながら株の話をする時代を経験した。そのバブルが崩壊したとき、巨額の不良債権の山を前にして、私のような普通の生活者は、経済が自分たちの手の届かないところで回っているという感を強くした。

物を生産して販売して消費して、という実体経済のサイクルに飽き足らない資本家たちが、時々に見つけたネタに群がっては懲りずにマネー経済で富を膨らませている。そうして生じたバブルは必ずはじけるが、今では恐慌を招く代わりに、各国の中央銀行がすかさず金融緩和で市場に資金を供給し続ける。

本来なら、その間に不良資産を整理したり、構造改革をしたりして体力をつけなければならないが、日本だけはどんなに市場に資金を流しても物は売れない、新たな産業も興らない、賃金は下がり続ける。ここは企業が無理をしてでも賃金を上げるのが、デフレ脱却には必須だと思うが、そんな動きも見えない。

賃金を上げずに内部留保をするだけの企業が死ぬのが先か、財政破綻が先か。政治家はもちろん、誰も処方箋を持たない中で、生活者はただただ宙づりになっている。

インテリジェンス

斉藤　どうやって日本のバブルができたか。先ほど米国からのパンチと言った通り、日米構造協議の前から対米輸出がどんどん伸びていて、とにかくけしからん、日本の中で消化しろということで、米国から内需拡大を強制された。海部内閣が４３０兆円の公共投資を10年でやる。村山内閣がさらに２００兆円、計６３０兆円。毎年63兆円で、現在の国の税収60兆円より大きい。これを約束してジャブジャブにした。とんでもないインフレになると警告した人もいるが、政治的に無視された。安保の関係とかいろいろあって。

自動車の輸出も自主規制した。それでも米国は、関税引き上げなどの制裁措置を定めた通商法を適用する。今、中国で問題になっているが、日本に適用してきたわけで、戦争状態だ。日本の輸出を止め、米国の物を日本で買うようにしろという政策を打ってきて、日本はそれを受け入れた。

トヨタのような会社は賢く米国に進出、現地生産に転換した。だが、なかなかそうはいかない。

半導体も、フラッシュメモリーを東芝が開発するなど、基礎技術はほとんど日本だった。性能がどんどん上がっていくと、驚いた米国は、ダンピング（不当廉売）だと提訴した。日本の半導体がつぶされたのに対し、米国の半導体メーカーは、あっという間に日本でのシェアを広げていった。

平成に入ったところで、日本は米国の政策に徹底的にやられて、それがバブル崩壊だった。銀行も大打撃を受けた。金が余っていたから、銀行は価値がないものにも貸さざるを得なかった。

こうして見ると、国際化の時代の政治と経済は相当戦略的なインテリジェンスを持って対応しないと、少しでも穴があいていたら攻め込まれるということだ。

日本はバブルから学んで再構築することができていない。米国もリーマン・ショックに見舞われたが、1年もしないうちに再建していった。なぜ米国にできて、日本にはできないかということをわれわれは真剣に考えなければいけない。

怖い忖度

磯田　バブルの崩壊後、強い国、豊かな国を目指す暮らしから、健やかで楽しくなる方へ関心が移っている気がする。

東京電力や東芝は完全な大負けをした。茨城県東海村の核燃料加工施設で起きた臨界事故。新潟県の中越沖地震で東電柏崎刈羽原発の全炉が緊急停止し、変圧器から火災が発生した事故……。東電福島第1原発事故が起きる予兆はいくつもあった。このあたりで気付くべきだった。結果を見れば、太陽光発電をしっかり広げていこうということになるのではないか。

人の問題も大きい。ITとか言いながら、経済団体のトップが長い間、メールを使わなかったという話もある。首相になるのは、新しい産業を興して日本の経済を率いたような人ではない。お父さんも首相だったとか、世襲の政治家ばかり。それも短期間でころころ変わる状況が続いた。

こうしたことをしっかり見つめないと、平成の次の時代、日本はない気がする。「それを言ってはおしまいよ」と、忖度《そんたく》して言わない状態が本当に怖い。

集団的記憶喪失

水無田　合理的な手段があるはずなのに、高度な安定性を持っているがゆえに部分的な改定ができず、時代の変化への適応能力を失ってしまっていることを「制度的惰性」と呼ぶ。

日本は20年足らずの高度成長期に極めて安定した社会を構築した。護送船団方式で、正社員の男性は日本型雇用慣行に守られ、社員から社長に内部昇進していく。他方で個人化も進んだのに、責任を取らない人が生き残るシステムが組織に残存する。忖度が流行語になった社会のままで、個人の志向性だけ多様化するという矛盾が生じている。

制度的惰性が浸透しているため、組織内は誰も何も言えない状況が温存される。思い切ってリスクを取る人や、おかしいことをおかしいと言える人を守り、惰性を突き破る努力を人事評価で上乗せする。保守的で減点がない人ほど出世する構図を改めたい。

日本人の国民性は、外圧などでドラスチックに変わる「集団的記憶喪失体質」だ。一気に変わるために、前のことを忘れてしまう。「みんなやってます」と言った途端に、全員が変わる社会は恐ろしい。相対的に弱い人が割を食う。そこを救済するためにも、制度的惰性を破ろうとする人を守る必要がある。

高村 私たち日本人は、いま足元で起きていることを言葉にできないし、しない。自分たちを取り巻く世界を正確に捉え、分析し、仕分けする言語能力の欠如は、現実を現実として受け止めない傾向と無縁ではないし、根性とか伝統的慣行といった精神論にもつながってゆく。

こういう下地は、近代を通じてずっとこの国にあった。中国大陸へ侵出していった状況、米国と戦争をすることの是非、敗戦後に戦争責任の追及をしなかったこともそうだし、冷戦と日米安保の下では完全な思考停止が続いた。

そうして迎えた21世紀の今、私たちは世界の中での日本の立ち位置も、向かうべき地平も思い描くことができない状況になっている。言葉がない不安、未来が見えない不安の大部分は、私たち自身が招いたものだと言うほかはない。

財政赤字対策を——斉藤
子ども最優先——水無田

地域単位の公共——磯田
豊かな精神生活——高村

——リクルート事件から政治改革が叫ばれ、小泉内閣、安倍内閣のような長期政権も出てきた。平成の政治をどう見るか。

水無田　長期政権というが、自民党は一つの政党というより、巨大な利権擦り合わせ機構と考えた方がいい。さまざまな団体、票田との落としどころを探る団体だ。与党は典型的だが、この国の政治は責任を明確に言語化したり、本格的な政策論争に焦点が当たったりすることが少ない。

今年も3月11日前後、東日本大震災関連の報道が多かったが、祈りが中心になっている。戦後も「もう過ちは繰り返しません」とか、原爆に対する祈りが盛んに言われた。もっとリアルに考え、客観的に検証すべきだ。

個人が責任を負わずに行動し集団的に決定できていたことは日本社会の大きな強みだった。しかし近年、何度も起きた災害に対し、責任をきちんと取る言葉、客観性のある言葉が政治の上でどれぐらい出てきたか。祈るのもいいが、行政や政治の判断として、例えば震災規模をシビアに捉えこの地域は危険だから放棄するというぐらいの厳しい決定をしているのか。

大震災時の民主党政権は官僚を使いこなせず残念な点も噴出したが、政治主導という方向性は良かった。低成長の時代、下り坂で不安が大きく、グローバル化の波がある中でこそ責任を取る言葉を発する個人が尊重され、守られるべきである。

解決のために必要な分析、客観視というものを尊重して政治の言葉が語られないと、この国の問題は解消されない。

斉藤　政治を外からと裏側から見てきたが、なかなか難しい。宰相の連続スキャンダルが起きたりした。その処理の仕方を国民が見ていて、頭の中に埋め込まれるのは怖い。今の政治で起きていることもそうだ。行動と言葉に対する責任は非常に曖昧で、すり抜けたら、その先には何もない。こういう社会をつくると、どこかでものすごい対価を払わされる。

それは日本にとって第２次世界大戦だった。今の状況は、大正の中ごろからの動きと似ている。表面的に経済が維持されているからと受容しているうちに、批判が通らなくなり、あっという間に戦争に持っていかれた。今は戦争にはならないだろうが、非常に社会が乱れるのではないか。

第５世代（５Ｇ）移動通信システムの開発などは、民間の一つの企業ではやれない。国家プロジェクトの時代になっている。日本でも優秀な官僚や民間人が回転ドアのように出入りする組織をつくり、技術開発や社会政策、地方創生などを具体的に詰めて、実現していかないといけない。それが政治の役割だ。

安倍内閣もチャレンジしているが、医療、農業などの世界の既得権益に押し返されている。あらゆるところで、既得権益を持つ者が、現在の居心地のよいポジションを維持しようとしている。将来のため、日本や国民のため、ある程度自身を犠牲にするという気持ちがなくなっている。

民主主義の政治体制下では、国民が自らこの国を良くするようにと動いて、コストを払っていかなければならない。例えば、裕福な人は医療費を80％ぐらい自己負担するとか。そうすれば政治も機能する。

政治家を選んでいるのも国民だ。国民に甘いことを言うと選挙に通るが、厳しいことを言うと一発で落ちてしまう。政治家だけの問題ではない。

不思議な状況

高村　今の日本に欠けているのは「政治学」ではないか。近代国家では、時代を超えてあるべき政治の理念が存在し得る。政治学はそういうものだが、私たちは子どもの頃から、そういう教育を受けていない。政治家になっている人たちも、政治学を学んでいない。

日本の政治とは、政治学とは無縁のところで、地元の利益の分け合いとか、昔ながらの地縁、血縁といったものに終始していて、そういう人たちがついに戦争まで起こした。世界と比べても、政治家が政治家の体をなしていないのは、日本人にとって不幸なことだ。

基本の「き」である政治学が身に付いておれば、国会答弁で言葉をおろそかにすることは起こり得ないだろう。日本人はもっと原点に立ち返って、政治とは何か、政治家はどうあるべきかを、考え直すべきだろう。

磯田　政治の実験をやって二つ確かめた。一つは一党長期政権がいいのか政権交代がいいのか。もう一つは官僚主導から、政治・議会人主導の政治にしてみてはどうか。

小選挙区制という二大政党制に誘導する制度をつくっても元に戻ってしまった。二大政党制は簡単にはできそうにないという結果が出た。

これはなぜなのか。江戸時代が長すぎたかなと思う。江戸時代は議会も政党もない。藩主が政治を動かすのではなく、実際は藩官僚制だった。家来が時としては藩主を押し込めたり、取り換えたりするほど強かった。

二大政党制をやった場合、日本人は意外と不安に取りつかれたのではないか。「あの人は何々党派」という人が職場や家庭の中にいる状態は、心地よくないのかもしれない。その不安が嫌とは言いながら、基本は勝ち馬に乗りたい。でも一党長期政権に全部やられるのは困るので批判勢力は欲しい。自分に新たな負担がやってくるとき、百姓一揆のごとく、政権を破壊する2分の1ぐらいの勢力が欲しいということを選んだ可能性がある。

欧州の政治制度を理想としてそのままのものを、この国につくろうとしても体に合わない服だ。むろん官僚主導がいいとは思わない。周辺の国でも政権交代は起きているのに、この国では政権交代がなかなか起きない状態が生まれている。政治状況は文化人類学的レベルで不思議だと言える。

自民党は野党になったときに、いろいろ考えたのだろう。官僚主導を否定するために官邸を強化し、官僚の人事権を握った。官僚は、昔のように事務次官と官房長が自分の人事を決めるのではなく、官邸に決められているかもしれないとなり、森友・加計学園問題のような事件も起こる。政府が公文書を改ざんしたり隠したりを法に触れてもやっている。

西洋は基本的人権や自由を守る。だから先進国となり豊かになった。今、世界経済で比重を増しているのは中国、ロシア、インド。言論の自由、人権への考え方が西洋と全く違う。日本がこうした国々の影響を受けるようになってしまうのか。よく考えるべきだ。

震災で変わったのか

——平成は阪神大震災、東日本大震災など災害が多発した時代だった。

高村　東日本大震災の被害の大きさを目の当たりにして、人間が変わらなかったらおかしいでしょう。

でも日本人は、東京電力福島第1原発事故がもたらした惨状を目の当たりにしても、変わらなかった。原発は止まらなかった。復興に名を借りた壮大な土木工事も止まらなかった。日本人が全く変わらなかった理由は分からない。

政治も含めて何も変わらなかった中で、私たちは次の大地震を迎えることになる。ひとたび起きたなら、経済、暮らし、インフラなどの全てが停止する中で、誰もがとにかく自力で生き延びなければならない。おびただしい数の死者を見ることにもなると思う。これまでの日常が全て失われる。そんな事態が待っているのに、私たちは現実を現実として受け止めずに、目をそらしている。少なくとも東日本大震災後の状況を見る限り、悲観的なまなざしを持たざるを得ない。

水無田　被害には、災害対策の不備や避難誘導の問題など人災の側面もある。なぜ被害が大きくなったのか。検証して次に備えるべきだが、それもせずに基本的には祈るだけになってしまっている。人命が尊いと言いながら、人命を科学的に救済する志向性が乏しい。変わらなければならないのに、誰も猫の首に鈴を付けることができない。

準備なき被災国家

磯田　もう一度、原発事故が起きても、日本は原子力発電を続けるか。続ける可能性が高い気がする。次がないならいいが、南海トラフを震源とする大地震だと過去、だいたい100年に1回だから、21世紀の半ばに来ることになるのでは。

「起きて困ることは、起きないことにする」との言葉が当てはまる。以前と気候が変わったと感じているのに、高齢化で要介護の避難者が増えているのに、いざというときの計画をほとんどの人が持っていない。国が頼れないなら、代替する非政府組織（ＮＧＯ）や公共の団体を育てていかなければならない。

斉藤　「被災国家」の習性か、対策については結構おおらかだ。もっと合理的に、ここは強制的に居住できないことにするとか考えるべきではないだろうか。大震災は対策を取る大チャンスだった。住民の感情を大事にすると、難しいこともあるだろうが、ぎりぎりできることをやっていくしかない。

磯田　江戸時代の僧侶、良寛は「災難に遭う時節には災難に遭うがよく候」と言った。日本人はパニックにならないが、準備もない。そういう習性を自分たちが理解しているか。やりたくないものをやらなきゃいけない場合は、法令をつくってでもやるしかない。

解決の処方箋は
——平成の始まりは冷戦の終わりで、良い時代が来ると思ったら、ポピュリズムや一国主義が台頭した。

磯田　冷戦終結で核戦争がなくなるという解放感があった。ところが、北朝鮮が核弾頭を保有し、米国では一国主義が強まっている。ドイツのメルケル首相は、多国間で安全保障をしなかったから、２度の大戦の地獄を見たと言っている。一国主義は得にならない。

高村　冷戦が終わった後の世界を席巻したグローバリズムには、光と影がある。国境を超えたグローバル経済は、世界経済をずいぶん発展させ、先進国も発展途上国もそれぞれ恩恵を受けてきたが、一方で富の集中や経済格差、急激な民主化運動による内戦など、さまざまな問題が噴き出している。しかし私たちは、グローバリズムに代わる処方箋は持ち合わせていない。一部で勢いを増す一国主義や覇権主義の流れに、今はじっと耐えるしかないのかも。

斉藤　グローバリズムがもたらしたメリットは大きい。冷戦が終わり、米国の軍事産業が民間に流れてきて、インターネットが発展したのをはじめ、世界はものすごく良くなった。商品も人も流動化は必要で、グローバリズムがもたらした豊かさをわれわれはエンジョイしてきた。

ただ、冷戦終結はソ連が自壊して米国が勝利する形だった。中国はそれを勉強している。富を蓄積し、次に軍事力を強化した上で、自分たちの価値観やルールを押し付けてきている。平成の間に、中国の名目国内総生産（GDP）は約10倍にもなっている。このすさまじい伸びによって、再び地政学的冷戦が芽生えつつある。

水無田　私は相模原市出身で、周りは米軍キャンプだらけ。厚木のジェット戦闘機を見ながら、米軍のラジオ放送を聞きながら育った。冷戦構造は、子どもの頃の原風景と重なる。

冷戦が終わったということが実感できるようになるよりも早く文化状況、社会状況が動いていた。資本主義の重層化で主流の文化に対するアンダーグラウンド文化の反発、抵抗が大きくなった。資本主義の代替となる共産主義、社会主義というイデオロギー対立がなくなった分、若者が抵抗する核がなくなった時代でもあった。今では、ファッション界やポップカルチャーが人種差別、女性差別を繰り返すトランプ米大統領に反発を訴えるようになっている。

思想を変えて

――人口減少と高齢化が進み「国難」と評される。次の令和の時代はどんな時代になってほしいのか。

斉藤　取り組むべき問題は、少子高齢化と対ＧＤＰ比で２００％を超える財政赤字の二つだ。財政赤字を孫やひ孫に渡していくことになるわけだが、よくそんなことができるな。孫やひ孫を痛めつけて、何が欲しい、あれが欲しいと。抜本的に思想から変えないといけない。

本来なら消費税を20％以上にしないとバランスが取れないのに、これまでうそでやり過ごしてきた。年金の将来試算にしても、厚生労働省はＧＤＰが名目1・5％以上で成長することを前提に計算している。甘い予測なのに国会でも議論にならない。国民も本来デモでもやって、かみつくべきだ。

現実に10年、20年、30年うそを続けている。これでは年金は回らない。人口の問題も限定的な移民制度を多文化共生の意味で導入すべきだ。また日本の会社を日本人が経営しないといけないという発想をやめないと。外国人が必要で、それが人口対策にもなる。

ボランティア参加

水無田　3世代で90年、その間に個体数が半数になると仮に動物なら絶滅危惧種だ。人口減少のものすごい局面を迎えている。ただ政府は手をこまねいているわけでなく、少子化対策をガンガンやっているつもりだろう。だが内実を見ると、ファミリーフレンドリーな企業にお勤めの正社員の女性がイクメンの夫と理想的な結婚をして、1人目までを産むところまでしか考えていない。

実際問題、日本人は同居と法律婚の開始が同時で、結婚後1、2年できれいに子どもを産んでいく。一方、出生率が回復している先進諸国は、結婚と出産と同居のタイミングがバラバラになっている。法律婚の中でも外でも、産んだ子どもに対する差別的な処遇がないようにできている。結婚の自由化が進んでおりチルドレンファースト、子ども最優先だ。

安倍政権は希望出生率1・8を掲げているが、人口を維持していくにはこれでは足りない。形骸化した戦後昭和型の家族パターンの維持を優先している。国難と言うのであれば、ニーズを客観的に捉え、国民が必要とする政策をつくっていくべきだ。

ただ国民も「お上に何かしてもらいたい」「お上が何かしてくれるのでは」と考えるのではなく、もっとボランティアや地域でさまざまな役割を担う「新しい公共」に参加していくべきだ。

磯田　今後はiPS細胞（人工多能性幹細胞）を使ってがんになっても臓器を取り換えられる時代になる。ものすごい長寿社会、100年生きる時代になる。この時代に合った新しい教育を設定しなければならない。社会的なつながりを持っておらず、人間が単体として存在しなくてはならない社会はつらい。人と人、才能と才能をつないでいく。国家が全て面倒を見るのではなく、小さな地域単位の公共をつくっていく作業が必要になる。人工知能（AI）、家族、結婚についても、これまでの常識ではあり得ないことが起きる。

厳しい未来

高村　私たちの想像するスピードを超えて、AIは発展し、利用されていく。しかし同時に、AIは必ずしも安全ではないし、100パーセント正しいわけでもない。いろんなところで人間の活動に混乱をもたらす可能性が大いにある。混乱はあるけれども、AIがないと成り立たない社会にもなる。AIに依存し、なおかつAIに振り回されるというかなり深刻な問題を抱えた、混乱する社会が待ち受けていると思う。

そこで人間はどうするか。AIについていけない高齢者や、AIに仕事を奪われて行き場を失う人びとはどうしたらよいのか。子どもが生まれなくなり人口が減少する社会では、インフラも維持できなくなる。そこに頻繁に災害が襲う。復興も追い付かない。厳しい未来の中で、日本は縮んでいかざるを得ない。

しかしそういう中で、日本人は新しい生き方を見いだして、誰も経験したことのない世界を模索していくのではないか。不安に弱い民族かもしれないが、強いところもある。小さな国の中で落ち着いて静かに豊かな精神生活を持てる、成熟した暮らしを築いていけるような未来であればいいと思う。

ＡＩの技術で世界の最先端の文明を楽しむ国でなくてもいいのではないか。ＡＩや５Ｇが席巻する未来だからこそ、日本式の生き方が生まれてもいいのではないか。そういう希望を持つのも悪くはない。

◎４氏の略歴

斉藤　惇氏（さいとう・あつし）１９３９年熊本県生まれ。野村証券副社長を経て産業再生機構、東京証券取引所の社長などを歴任。プロ野球コミッショナーも務める。

高村　薫氏（たかむら・かおる）１９５３年大阪市生まれ。作家。「マークスの山」で直木賞、「土の記」で野間文芸賞。他の著書に「神の火」「新リア王」など。

磯田　道史氏（いそだ・みちふみ）１９７０年岡山市生まれ。静岡文化芸術大教授を経て国際日本文化研究センター准教授。著書に「武士の家計簿」「日本史の内幕」など。

水無田　気流氏（みなした・きりう）１９７０年相模原市生まれ。詩人、国学院大教授。詩集に中原中也賞の「音速平和」、著書に「シングルマザーの貧困」など。

第 1 章　東日本大震災

東日本大震災　消えた鉄道の記憶追う

亡父の言葉、胸に刻み　夢は新幹線の運転士

文・久江雅彦
写真・藤井保政

小さな揺れが激震に変わったのは、グラウンドを走っている時だった。２０１１（平成23）年3月11日午後2時46分。岩手県立高田高校1年生で陸上部の短距離選手だった佐々木駿英《はやひで》（23）は、その場に仲間としゃがみこんだ。陸前高田市の街中を走るＪＲ大船渡線の線路も流されていく。津波が引いて見下ろした市街地は、鉄骨の建物だけが点在する風景に変容していた。

幼い頃、列車の通過時刻に合わせて、踏切の近くへ連れていってくれた父親の徳司《とくじ》は津波で命を落とした。45歳だった。「目標を持って」。佐々木は父の言葉を胸に奨学金で大学へ進み、鉄道マンとして人生を歩む。

これは現実なのか

あの日の記憶は、鮮明に刻まれている。きしむような地響きと同時に、目の前で地割れが起きた。しばらくすると、津波警報のサイレンが鳴り響く。グラウンドのフェンスから太平洋に続く広田湾を見ると、海底がえぐられるように姿を現した。それは、大きな津波の前兆だった。

太平洋から押し寄せた津波は、海岸に面した1キロ先の市営球場、グラウンドから一段下の校舎を次々

ふるさとの山々を背景に河を渡った列車の姿は今はない。気仙川に架かる鉄橋は津波で大きく被害を受け、JR 大船渡線はバス輸送にかわった＝岩手県陸前高田市

とのみ込む。海面から、周辺で最も高かった球場のナイター用の照明だけが突き出ていた。

「これは現実の出来事なのか」。友だちが誰に言うでもなく、そう漏らしたことを覚えている。

段ボールにくるまってグラウンドの部室で１週間ほど過ごし、その後は高台の室内運動施設で寝泊まりした。母と中学生の弟、小学生の妹、祖父、曽祖母は無事。父の安否だけが不明だった。

その父が勤務先の市役所で帰らぬ人となって見つかったのは、３月末のこと。「どこかで無事に生きていると信じていたのに……」。高校２年へ進級する直前。就職か進学か、進路を決める時期が近づいていた。

「高校を卒業して鉄道マンになりたいと漠然と考えていたけれど、父が時折口にしていた言葉が、その死に直面して胸をよぎった」

震災の前までは鉄道会社を就職希望先の一つと考えていたが、鉄道と地域の絆を目の当たりにして、目標は像を結ぶ。

「鉄道があっての街。そこに住む人たちがいて列車も走る。そんな当たり前のことに気づいた」

善意に支えられ

佐々木家は大黒柱を失ったが、担任教諭が「いわての学び希望基金」の存在を教えてくれた。岩手県で震災の時に18歳未満だった被災孤児・遺児は583人に及ぶ。基金は岩手県の奨学金で、全国から寄せられた善意は総額90億円――。この奨学金で佐々木も高崎経済大学（群馬県）へ進学を果たした。地域づくりや防災、交通学を学べる「地域政策学部」があったからだ。

白地に緑のラインをあしらった2両編成の列車は、佐々木にとって日常の風景だった。線路の向こうには、リアス海岸の青い海が広がる。背後の遠景は、北上山地の峰。佐々木は、その間に広がる漁業の街で生まれ育った。家族旅行で仙台や東京へ出かけるときには「駅舎が『知らない土地』への扉だった」。車窓から見える四季折々の変化、それぞれの駅で異なる街並み…。「鉄道オタク」ではないけれど、なぜか鉄道に愛着を感じた。

復興に生きる

中学生のとき、父からのお年玉で買った列車の模型は、自宅と一緒に消えた。大船渡線の車両に似たお気に入りだった。あの津波は広田湾へ注ぐ気仙川を逆流し、河口から4キロ上流にあった大船渡線の鉄橋を襲った。今も残る半壊した橋の姿がその威力を物語る。

海に面したかつての市街地では、土地をかさ上げするため、ダンプカーが砂ぼこりを舞い上げる。中心部にあった陸前高田駅は跡形もない。故郷の鉄道はバス高速輸送システム（ＢＲＴ）に代わり、新たなバスの駅が高台に新設された。

就職戦線に挑んだ16年春。「鉄道と地域は一体だと思う。東北の復興のため、そして多くの人たちに訪れてもらうために働きたい」。佐々木はＪＲ東日本盛岡支社の面接で秘めた思いを伝えた。

難関試験を突破し、翌年４月に横浜支社管内にある橋本駅への配属が決まった。今は改札業務やみどりの窓口での接客、そして周辺の無人駅の遠隔監視も任されている。１日の乗降客は13万人余り。牧歌的だった陸前高田駅とは対極的だ。月に10日の泊まり勤務もこなす。「まだ仕事を覚えるのに精いっぱい」。19年には盛岡支社管内へ戻り、車掌を経験してステップアップを目指す。

いつの日か東北新幹線の運転士になりたいと夢見る。「チャンスがあれば、鉄道と地域の復興を結びつける企画も考えていきたい」。消えた鉄道の記憶を追う人生の旅路は始まったばかりだ。

死者、行方不明者合わせて１万８千人を超えた大震災は、日本人の価値観と生き方をも揺さぶった。＝２０１８年１月１日

（メモ）被災３県の孤児・遺児

警察庁によると、最大震度７を観測した東日本大震災での死者は、２０１７年９月８日時点で１万５８９４人、行方不明者は２５４６人。死者・行方不明者は岩手、宮城、福島３県に集中した。

両親か、死別や離婚などで１人しかいなかった親が死亡した子どもが孤児。両親のいずれかが亡くなった子どもを遺児という。

震災当時に18歳未満だった被災孤児・遺児は、岩手県が５８３人、宮城県は１０６７人、福島県は１９９人。各県とも、基金などを設けて寄付金を募り、社会人になるまで、就学や進学の支援をしている。震災時に大学生だった人も一部、支援の対象になっている。

阪神大震災　復興の象徴ペーパードーム

台湾に移設、観光名所に「奇跡」は人のつながり

文・藤原　聡
写真・堀　誠

一面の焼け野原に、色鮮やかなキリスト像が両手を広げて立っていた。

1995（平成7）年1月17日。阪神大震災で壊滅状態になった神戸市長田区の野田北部地区で、カトリック鷹取教会（現たかとり教会）のこの像と司祭館は焼失を免れる。まるで主イエスが両手で猛火を食い止めたように見え「奇跡が起きた」と大きく報道された。

ボートピープル

「炎を消したのは、人の力です」。神父の神田裕《かんだ・ひろし》（60）がいくら否定しても連日、記者が訪れる。応対していると救援作業に支障が出るので、像の頭にヘルメットをかぶせ、首にタオルを巻きつけた。「ここにキリストさんがいはったら、この格好で作業をされたと思う」。〝奇跡報道〟を抑える理屈だが、神父としての本心でもあった。

実際、キリストの手も借りたいほど教会は繁忙を極めた。全国からボランティアが集まり、拠点となる小屋を廃材で建て救援に奔走。役割分担も決め、倒壊家屋の解体や撤去をする男性たちをゴリラチーム、

炊事や物資配送をする女性たちをウサギチームと名付けた。「やることはつらいから、どこか余裕を持って楽しい組織にしなければ続かないと思ったんです」

信者の３分の１、約２００人がベトナム人だった。80年代初頭、ベトナムを逃れた「ボートピープル」が海を渡り、日本にたどり着いた。長田区には低家賃のアパートが多く靴製造の内職もあるので、多くの難民が住むようになる。キリスト像もベトナム人の寄贈だ。

カトリックたかとり教会のキリスト像前で「約 200 人のボランティアが寝泊まりしたこともある」と語る神田裕。奥にはペーパードームがあった＝神戸市長田区（撮影・佐藤優樹）

紙管58本を柱に

ルワンダ難民のためのテント開発に携わった建築家坂《ばん》茂《しげる》（60）が震災発生間もない1月末、鷹取教会を訪れる。多くのベトナム難民が避難したと聞いていた。坂は再生紙の「紙管」を使った教会（礼拝堂）の建設を申し出たが、神田は断った。

「これだけ町が焼けたのに『紙で建てる』なんてよく言えるな、と最初は思った」と振り返る。「でも断った一番の理由は、教会建設の申し出だったことです」。神田は町が復興するまで教会は建てないと決めていた。

坂は東京から毎週、長田区へ通い「紙は木より燃えにくいし、強度もある」と、建物の模型も持参して説得。神田は「町づくりのため住民が使う集会場を造る」という名目で建設を認める。

建設費の約1千万円は寄付で賄った。延べ約千人のボランティアが作業して9月に完成。紙管58本を回廊状に立て、テント形の屋根で覆った建物は「ペーパードーム」と名付けられた。

鷹取教会にはベトナム語など多言語で発信するFM放送局が設けられた。高齢者や身体障害者を支援するNPOもでき「たかとりコミュニティセンター」が発足する。こうした復興活動の象徴がペーパードームだった。

幻想的な光の造形

阪神大震災から10年後の2005年1月17日、台湾の大地震被災者を招き、ペーパードームで日台の交流集会が開かれた。

台湾南投県を震源とする大地震は1999年9月21日に発生。死傷者は1万3千人を超えた。

神戸市住宅局長だった垂水英司（78）は、復興経験を伝えるため台湾に飛んだ。以降、都市計画の専門家小林郁雄（73）らと度々訪れて被災者らと交流を深め、日台の交流集会に結びつけた。

南投県で復興活動をする新故郷文教基金会理事長、廖嘉展《りょう・かてん》（56）が集会であいさつに立った。「このドームを台湾に移設し、震災復興経験の交流の場にしたい」。突然の発言に出席者が驚く。近く取り壊されると聞いていた廖だが、こんな話をするつもりはなかったと言う。「あいさつしていた時、どこからか『台湾に移設したらいい』という声が聞こえてきた」

提案を受け、日本側が運送費を、台湾側が再建費を、それぞれ負担することになった。解体され2005

年6月、船で台中港まで運ばれたが、すぐに建設着手できなかった。「紙管の柱を立てる儀式を終えた時に、建設資金が尽きた」と廖は言う。だが、58本の柱が曲線に立ち並ぶ姿が評判になり、援助金が徐々に増加。08年9月、南投県埔里の自然体験施設「新故郷見学ゾーン」の中心にペーパードーム（台湾名・紙教堂）が再建された。

夜、ライトアップされた時の幻想的な光景が人気を呼ぶ。コンサートでも利用され、年平均25万人が訪れる観光名所に。「ここは宗教施設ではないが、人々の心を癒やす空間になった」。暗闇に浮かぶ「光の造形」を見ながら、廖が語った。

移設の実行委員会を母体に、日台の被災地市民交流会が生まれた。新潟県中越地震、台湾水害、東日本大震災……。災害のたび、義援金を送り合うなど活動を続けている。

「教会は地域とつながっていなければならない」と神父の神田は思い続けてきた。大震災を機に人々がここに集い、復興にまい進したことでそれは実現した。「これだけ多くの人たちの心が動かされたのは、奇跡と言ってもいいと思う」＝２０１８年6月16日

（メモ）音楽でも被災地交流

神戸市長田区からペーパードームを移設した台湾中部の南投県埔里には埔里バタフライ交響楽団がある。２０１３年、移設の窓口になった新故郷文教基金会などが台湾初の町村レベルのオーケストラとして設立した。

東日本大震災の被災地、岩手県大槌町で、復興の象徴として音楽ホールを建設しようというプロジェクトにバタフライ交響楽団も参加。２０１４年11月、東京や大槌町などでコンサートを開いた。

今年11月には、同交響楽団の5人のメンバーが大地震に見舞われた熊本市や神戸市で演奏する。ペーパードームのあったカトリックたかとり教会でのコンサートも計画されている。

尼崎JR脱線事故　安全より収益優先の果てに

46キロ超過でカーブ進入　経営方針転換、道半ば

文・大塚圭一郎
写真・遠藤弘太

「すぐ、テレビを見て！」。2005（平成17）年4月25日朝、代休を取り大阪市内の自宅にいたJR西日本本社運輸部の岸本良記《きしもと・よしのり》（46）が受話器を取ると、上司の切迫した声が耳に飛び込んできた。画面は、マンションの壁にめり込み、押しつぶされた鉄道車両を映しだしていた。

「信じられない。何が起こったのか…」。岸本は衝撃的な映像を見て背筋が寒くなり、JR大阪駅の北側にある本社へ慌てて向かった。

JR福知山線の塚口―尼崎間（兵庫県尼崎市）で快速電車が脱線し、線路脇の9階建てマンションに激突。乗客106人と運転士が死亡、562人が重軽傷を負った。1987年の旧国鉄分割民営化以降で最悪の大惨事だった。

「稼ぐ」

事故から13年たった2018年2月1日、5カ年の安全計画「JR西日本グループ　鉄道安全考動計画2022」が公表された。安全推進部の一員として取りまとめに当たった岸本は、冊子にある標語「一人

尼崎 JR 脱線事故の現場近くを歩く「メモリアルウオーク」に参加し演奏を聴く人たち左から３人目は事故で大けがを負った坂井信行＝兵庫県尼崎市

ひとりがリスクを具体的に考える」を指さし、言った。「全員参加型の安全管理を目指しており、個人的にも非常に強い思い入れがある」

冊子には「特に『経営層』において安全最優先の認識と行動が不十分だった」と記されている。「乗務員ら第一線の社員だけでなく、経営層もリスクを具体的に考えないといけない」。収益向上と効率性にまい進し、安全性がおろそかになった過去への反省の言葉だ。

赤字路線を多く抱えているＪＲ西日本が、事故前に成長の柱の一つと位置付けたのが関西の主力路線だ。「私鉄王国」と呼ばれる関西で競合私鉄を相手に、福知山線などのスピードアップと本数増加で対抗、利用客を奪った。

一方、収益に直結しない安全投資は低調に推移。事故前年の04年度には４６７億円と前年度より23％減った。現場には、新型自動列車停止装置（ＡＴＳ―Ｐ）が取り付けられていなかった。事故を起こした快速電車は制限時速70キロのカーブに、約１１６キロで進入した。

事故前、大阪支社の社員に配られた「平成17年度支社長方針」という文書は五つの方針を掲げた。その冒頭に記されたのは「稼ぐ」の2文字。安全よりも収益優先の企業体質がにじみ出ている。

支社長だったのは橋本光人《はしもと・みつひと》（64）。国鉄分割民営化を推進した「国鉄改革3人組」の1人で、JR西日本の社長などを歴任した実力者の井手正敬《いで・まさたか》（83）に「気に入られ、将来の社長候補の1人と目されていた」（関係者）というエースだった。

事故を起こした電車に乗っていた社員が負傷者の救助活動をせず、午前10時から予定されていた橋本の講演に向かったことも発覚。講演は中止されたが、遺族や負傷者らは不信感を増幅させた。

過信

関西の主力路線と山陽新幹線の強化、さらにホテルなどグループ事業の収益向上により1996年、東京証券取引所などに株式を上場。2004年に完全民営化を果たす。JR西日本幹部はこの時、豪語した。「JR東日本は首都圏の高収益にあぐらをかいているが、われわれが経営すればもっと利益を出せる」

現在の社長、来島達夫《きじま・たつお》（63）は「成功体験を重ねる中で過信に陥りやすい気質が芽生え、謙虚に外部に学ぶ姿勢が次第に薄れていった」と振り返る。事故後は安全投資を増額。16年度は1050億円を投じた。近畿圏の主力路線ではATS―Pを全区間の98％に当たる619キロで整備を終えるなど、安全最優先への転換にかじを切った。

だが17年12月、東海道・山陽新幹線を走っていた「のぞみ」の台車に破断寸前の亀裂が見つかり、国土交通省の外局である運輸安全委員会が新幹線で初めて「重大インシデント」に認定した。安全性向上は道半ばだが、岸本は「一人一人がリスクを具体的に考えることで、安全の営みが川の流れのように未来に向けて続いていくイメージを持っている」と話す。

決意

18年４月15日、事故の負傷者と家族らが、現場周辺を歩き追悼する「メモリアルウオーク」開催した。９回目の今年は約30人が参加。最後に坂本九《さかもと・きゅう》（故人）の代表曲「上を向いて歩こう」を合唱した。

肋骨《ろっこつ》などを折る大けがを負った兵庫県西宮市の会社員、坂井信行《さかい・のぶゆき》（53）は、安全性向上への取り組みに理解を示し「社員とは違う観点から自分の意見を伝えていきたい」と前向きに捉える。「安全を確保できれば収益も伸びるはず。きちんとした企業活動をしてほしい」

次女（32）が重傷を負った三井《みつい》ハルコ（62）＝同県川西市＝は、メモリアルウオークなどの活動を通じて事故の風化を防ごうと懸命だ。「今回も被害者以外で初めて参加した方がいる。続けることで事故のことを伝え続けたい」と決意を語った。＝２０１８年５月５日

（メモ）ミスの報告促す対策も

尼崎ＪＲ脱線事故を起こした運転士は現場のカーブ前でブレーキをかけるのが遅れた。手前の駅でオーバーランをしており、ミスを犯した運転士に対する懲罰的な「日勤教育」への懸念が誘因になった可能性があると指摘されている。

ＪＲ西日本は事故後、故意ではない人為的なミスの責任を問わない「非懲戒制度」を２０１６年４月に導入。ミスの報告を促し、情報を吸い上げて事故防止に重点を置くようになった。

06年には「安全研究所」を大阪市に設立。運転台の速度計の直径を他の計器類より大きくし、視認性を高める研究を手掛け、新型車両の開発などに生かされている。

口蹄疫「命懸け、守りたかった」

日本一の和牛の裏に涙　庭の慰霊碑に花手向け

文・米田亮太
写真・堀　誠

「種牛だけは殺さないでくれ」。薦田長久《こもだ・ながひさ》（80）は宮崎県知事の東国原英夫《ひがしこくばる・ひでお》（60）と向かい合い、懇願した。民間で種牛を育てる畜産家の１時間以上続いた必死の訴え。東国原も最終的には「分かりました。牛を守りましょう」と折れざるを得なかった。しかし国はこれを認めず、薦田の種牛６頭はそれから10日もしないうちに殺処分された。

２０１０（平成22）年春から夏にかけて、宮崎県内で約30万頭の家畜が犠牲になり、約２３５０億円もの損失を出した口蹄疫《こうていえき》。「日本一の和牛」が決まる５年に１度の全国和牛能力共進会（全共）で、現在３大会連続最高賞に輝く宮崎牛を守り抜いた闘いの裏には、わが子のように育てた牛や豚を、涙をのんで手放すしかなかった多くの農家がいた。

全頭殺処分

10年４月、日向灘に面した都農町《つのちょう》で口蹄疫の感染が疑われる牛３頭が確認された。同じ日の朝、近くの西都市《さいと》では市長の橋田和実《はしだ・かずみ》（65）が、その知らせを受け、「なぜ宮崎に」と言葉を失った。口蹄疫は牛や豚

口蹄疫でわが子のように育ててきた種牛を殺処分された当時の様子を語る鷹田長久。口蹄疫の後に育てた牛がようやく理想の牛になってきた＝宮崎県高鍋町

など偶蹄類《ぐうているい》の哺乳動物がかかるウイルス性の家畜病で、感染力が強いことで知られていた。

県内でも特に家畜が密集する地域で拡大。５月の大型連休を境に件数は激増した。東国原は非常事態を宣言。政府は多発地域周辺の牛や豚に感染を遅らせるワクチンを接種した後、全頭殺処分する対策を打ち出した。

西都市にもウイルスが侵入し、橋田は直接農家の説得に出向き、殺処分の現場にも立ち会った。「悲しそうな顔で、牛が見てくる。まるで戦場だった」。精神安定剤を飲むほど心身を酷使しながらも、橋田は「ここで、絶対に食い止める」と自らを鼓舞し続けた。

同じころ、高鍋町にある鷹田の農場でも感染の疑われる牛が見つかった。約４００頭の雌牛や子牛などの殺処分を受け入れたが、数キロ離れた自宅横で飼っていた種牛６頭の殺処分は、断固として拒んだ。

官民で差別

経済的な理由で東京の大学を中退し、実家の農業を継いだ薦田の運命を変えたのは、農耕用の牛に種付けに来ていた授精師の言葉だった。「大学に行ったつもりで、牛をやってみないか」。借金をして牛を飼い始め、自らの名前を付けた種牛「長久《ながひさ》」が全共でチャンピオンに輝くころになると、すっかりその世界に魅せられた。

種牛は、精液を多くの雌牛に提供する優秀な遺伝子を持った雄牛。「いい種牛をつくれば一気に改良が進み、地域が潤う」。育てた種牛から生まれた牛の肉質が最高級の５等級と認められるようになり、まさにこれからという時に発生したのが、口蹄疫だった。

薦田が殺処分を拒んだのには、理由があった。宮崎県は県所有の種牛６頭を特例で避難。移動先で１頭の感染疑いが発覚した後も、残りの５頭を経過観察とした上で救っていたのだ。「宮崎牛を守るための例外措置」と自らも認める対応。「官と民の牛を差別する姿勢は許せない」と薦田は憤った。

交渉は長期化した。薦田は「守ってもらえるなら、種牛を県に譲ってもいい。復興のため、無償で精液を農家に提供してほしい」と切り出し、熱意を感じた東国原はこれに応じたが、国は最後まで特例を認めなかった。

「これ以上、皆に迷惑をかけられない」。薦田は泣く泣く首を縦に振った。６頭がウイルスに感染していなかったことが判明したのは、その後のことだ。

理想の牛

宮崎県はこれまで種牛を一括管理し、精液を原則県内だけで供給する仕組みによって、均一的で質のいい和牛改良を目指してきた。その成果が、全共での３大会連続「日本一」の称号だ。

防疫面での厳しい批判もあった県所有種牛の救済だったが、県家畜登録協会で長年改良に携わってきた黒木法晴《くろぎ・つねはる》（93）は「県の種牛が残っていなかったら、復興は無理だった」と断言する。

一方、薦田についても「彼のつくる牛はすべて、遺伝力があって素晴らしかった」と実力を認める。種牛を失った後、自宅を訪ねてきた薦田が一日中泣いていたのを覚えている。「自分なりの育種哲学を持った男。ああいう人物がいたから、宮崎牛は日本一になれた」

薦田は18年も、命日の7月17日、６頭の名前と年齢が刻まれた自宅庭の慰霊碑に花を手向けた。「感染もしていなかった自分の牛は、殺される必要がなかった。命懸け、守りたかった」

胸中には納得できない複雑な思いもある。口蹄疫の後、すぐに県外まで牛を買い付けに行き、体格の良い立派な種牛８頭を育て上げた。「ようやく、理想の牛ができてきた。自分のやってきたことが正しかったと証明してみせたい」。いとおしそうに「わが子」を見つめ、少年のように笑った。＝２０１８年7月28日

（メモ）外国にない最高の牛肉

「やっと最高の牛肉に出合えた」。２０１８年3月に開かれた米映画アカデミー賞授賞式のパーティー。ここで提供された宮崎牛は、世界の美食を知り尽くした著名シェフの舌をも驚かせた。宮崎牛の改良を先導してきた黒木法晴《くろぎ・つねはる》（93）は「将来安い外国産が入ってきても大丈夫なように、質重視で改良してきた。いまでは、どの国も日本の牛肉をまねできない」と胸を張る。

宮崎県で個人ブランド「尾崎牛」を肥育・販売する尾崎宗春《おざき・むねはる》（58）も「日本のような霜降り肉は外国にはない」と言い切る。国産牛肉の輸出額は、５年で4倍近く急増。日本の宝ともいえる黒毛和牛に、海外から熱い視線が注がれている。

第２章　地下鉄サリン事件

「地下鉄サリン事件」（上）「ポア」を善行と見なす闇

霊的虐待が精神呪縛　カルト本質解明されず

文・橋詰邦弘
写真・堀　誠

雪をかぶった霊峰富士。麓に広がる白い高原からは、日本中を、いや世界中を震撼《しんかん》させたテロ事件の拠点の痕跡が消えていた。「宗教」を追い続けてきたフォトジャーナリストの藤田庄市《ふじた・しょういち》（70）は27年前の秋に、この地を訪れた時のことが頭を離れない。「人生最大の痛恨事だった…」

宣伝に利用

静岡県富士宮市のオウム真理教の富士山総本部道場。藤田は、雑誌の取材で後に地下鉄サリン事件を起こすオウム真理教の教祖、麻原彰晃《あさはら・しょうこう》（63）＝本名・松本智津夫《まつもと・ちづお》、死刑確定＝と向き合っていた。ヨガから出発し、教祖の特異な言動が注目を集め、若者たちを引きつけていたオウム真理教。麻原が公言する最終解脱と修行の核心部分でもある秘儀伝授（イニシエーション）を直接語ってもらうのが狙いだった。

1時間余りのインタビューは、「麻原彰晃が信徒に『霊的エネルギー』を注入する」という見出しで、多くのカラー写真と共に紹介された。オウムはこの模様をビデオに収め販売する。

振り返れば、引っかかる点がなかったわけではない。最終解脱に至った場所を具体的に問うと、麻原が

「人生最大の痛恨事だった」と27年前に麻原彰晃をインタビューした時のビデオを見ながら当時の様子を話す藤田庄市＝東京都杉並区

少し言いよどんだからだ。

1995（平成7）年3月20日午前8時すぎ、東京都心の地下鉄3路線の5車両で、猛毒のサリンがまかれ、13人が死亡、6200人以上が重軽症を負う。地下鉄サリン事件の衝撃は、3年半前のインタビューで抱いた違和感を、教団の宣伝に利用されたという忸怩《じくじ》たる思いに変えた。「オウムが拠点施設を建設した地元の住民や、事件前に襲撃された信者の家族らをなぜ取材しなかったのか」。藤田の「贖罪《しょくざい》」の人生が始まる。

失望感

逮捕・起訴されたオウム幹部の公判に足を運んだ回数は数え切れない。拘置中の幹部に面会を申し込み、元信者への取材を重ねた。記録ノートは100冊超。「『カルト』のことは『カルト』の現場にこそ解く鍵がある」。事件の本質を突き詰めたい一心だった。

オウム真理教による一連の事件の裁判は、２０１８年1月すべて終結した。だが、藤田は納得できない。「明らかに『宗教事件』であるにもかかわらず、裁判は犯罪の外形を裁いただけ」という失望感。事件と信仰の有機的結合、つまり宗教的動機という核心を十分に解明したとは言い難いのだ。

地下鉄丸ノ内線でサリンを散布した死刑囚の広瀬健一《ひろせ・けんいち》(53)とは、手紙のやりとりや面会を続けた。広瀬は公判で、サリンの袋を傘で突く際、被害者が地獄へ転生しないよう麻原と縁を結ばせるため、観想してお経のようなマントラを唱えたと証言する。「私がサリンをまくことを承諾したのは、救済と思ったからです。強制捜査（阻止）のことは私の中では大きな問題ではなかった」

判決は、犯行の動機を「口封じ」「強制捜査阻止」と捉えたが、藤田には「『あの世』のことを『この世』の世俗的判断で裁いた」と映る。

宗教学を専攻した藤田が描くオウム事件の構図は―。「近未来の破局を予言する麻原への絶対的な帰依」「麻原が悪行を積むとみなす人間を殺害（ポア）しても、殺された者は高い世界に生まれ変わるから善行という思想」の二つが合体した「救済・慈悲殺人」。常軌を逸したあまりに身勝手な論理を弟子たちは信じ込む。カルトの深い「闇」である。

「また起こる」

藤田はそれをマインドコントロールではなく、「スピリチュアルアビューズ（霊的虐待）」と呼ぶ。信仰に向かう心を利用し、巧みな宗教言説を駆使しながら、精神の自由を奪い、呪縛していく状態を表したかった。

他のカルトにも増して、信者に麻原言説のリアリティーをもたらし、麻原を絶対的な存在にならしめたのは「命を奪いかねない過酷な修行によって得た神秘体験だ」と言う。幻覚を真実と認識してしまう信者たち……。麻原はそれを植え付けるために、ＬＳＤや覚醒剤など薬物までも使用した。

　地下鉄サリン事件の引き金は、１９９０年の衆院選かもしれない。「真理党」を結成し、麻原ら25人が立候補するも惨敗。麻原は「国家権力の妨害・不正」とごまかし、弟子たちに「現代人は通常の布教方法では救済できなかったことが分かった」と宣言する。国家の組織と同様に、教団内に科学技術省、自治省など省庁制を敷き、大臣や次官を任命し、テロに突き進む。

　２０１８年2月、藤田はサリンの製造工場などサティアンといわれる施設群のあった山梨県の旧・上九一色村（現・富士河口湖町）で、慰霊碑に手を合わせた。今でも収監直前に面会した死刑囚の早川紀代秀《はやかわ・きよひで》（68）の言葉がよみがえってくる。「また（カルト事件が）起こりますよ」。宗教的な核心にふたをしたまま事件が風化していく。カルトの闇を闇に葬ってしまうことを藤田は本気で恐れている。「真の教訓を得ることができない」と。＝２０１８年3月10日

（メモ）3派に分かれ活動継続

　オウム真理教の麻原彰晃《あさはら・しょうこう》が起訴されたのは、1995年の地下鉄サリン事件、89年の坂本堤《さかもと・つつみ》弁護士一家殺害事件、94年の松本サリン事件など13件。麻原ら13人の死刑、6人の無期懲役刑が確定している。一連の事件による死者は29人、負傷者は6500人を超える。確定判決は「間近に迫った強制捜査を阻止しようと、阪神大震災に匹敵する大惨事を起こし、都心部を大混乱に陥れるために企て、実行した」と認定した。

　事件後に教団は解散したが、「アレフ」に改称した主流派、元幹部上祐史浩《じょうゆう・ふみひろ》が代表を務める「ひかりの輪」、アレフからさらに分派した集団―の三つに分かれ活動を続けている。

「地下鉄サリン事件」（下）再発防止へ「オウム狩り」

まさに戦時体制の捜査　黙秘の壁にも直面

文・橋詰邦弘
写真・堀　誠

猛毒のサリンが首都の中枢を襲った時、東京地検刑事部副部長だった神垣清水《かみがき・せいすい》（72）は出勤途上、いつものように地下鉄丸ノ内線の車内にいた。少し早い時刻に乗っていれば、自身が事件に遭遇したことになる。運行を取りやめた地下鉄を降り、タクシーで地検に駆け付けた神垣の怒濤《どとう》の1年が始まった。

一網打尽

オウム真理教がサリンを製造している。この情報は捜査当局もつかんでおり、警視庁や地検は強制捜査に向けた協議を重ねていた。ただ、1995（平成7）年3月20日の犯行は「想定外だった」と言う。

捜査に求められたものは、通常の事件とは異なる。オウムの関与が疑われる一連の事件の真相解明もさることながら、最優先の使命は、大型連休を控え、次なる凶悪事件を絶対に起こさせないこと。そのために一刻も早く教団幹部を「一網打尽」にする必要に迫られていたのだ。検事総長吉永祐介《よしなが・ゆうすけ》（故人）の指示は「あらゆる法令を適用せよ」。「オウム狩り」（神垣）の様相を呈した。

地検の捜査の現場指揮を任された神垣は「検察は知恵を出せ、警察は汗をかけ」とげきを飛ばす。組織

地下鉄サリン事件の犠牲者の碑を見る神垣清水。事件の記憶も遠くなり、碑に気づくこともなく人々が通り過ぎていく＝東京都千代田区の東京メトロ霞ヶ関駅

的な犯罪や、薬物を製造・所持しただけで取り締まる体系的な法律がなかったことから、捜査は自然と「違法、脱法に近いものの連続」に向かう。

「まさに戦時体制と言ってもいい。とにかく捕まえ、裁判所に判断してもらう。そうでなければ国民の安全は守れなかった」。批判を浴びかねない手法だが、むしろ国民は支持してくれるという確信があった。裏返せば、それほど事件の衝撃は大きかったのだ。

地下鉄サリン事件の2カ月後の5月16日、山梨県の旧・上九一色村（現・富士河口湖町）のサティアンの隠し部屋で、ついに教祖の麻原彰晃《あさはら・しょうこう》（63）＝本名・松本智津夫《まつもと・ちづお》、死刑確定＝を逮捕する。

修行の舞台

「聴取拒否・黙秘」の壁で捜査は難航を極めた。逮捕・送検された教団幹部は、ごく一部を除けば取り調べを格好の「修行の舞台」と捉えていた。供述すれば悪事を積むことになり、地獄へ落ちるという〝信仰〟を持ち、麻原にすがることが生きがいの信者らを目の当たりにし、呪縛の強さと深さを思い知らされた。
供述が得られず、心身を病んだ検事もいる。それでもかすかな自白と証拠を積み上げ次々と起訴に持ち込んだ。「宗教の仮面をかぶった組織を、いかに『常識の世界』に持ってくるか」。宗教的な動機は二の次、神垣らは犯罪を外形的に立証することに専念したのだ。

その年の9月に初めて旧・上九一色村を訪れた神垣は驚愕《きょうがく》する。サリンを製造していた第7サティアンが、最先端の化学プラント工場に匹敵するような設備を整えていたからだ。ここまで許してしまったのかと思った。「治安・情報活動の平和ぼけと司法手続きの緩みを実感した」と振り返る。

そんな神垣に映った麻原像は—。「恐怖を植え付け、極限状態で告知する言葉の響きによって、科学的に分からない価値を信者たちにもたらした」。新興宗教と旧宗教の空白を体験型の修行で埋め、浸透させていったカルト指導者でもあった。

事件を風化させてはいけないと訴える神垣。「誤解を恐れずに言えば……」と意外な言葉を繰り出した。「麻原が生きている限り、オウム事件は国民の心のひだに引っ掛かってくる。死刑を執行しないことが風化を防ぐのではないか」

59枚の手紙

オウムの元幹部らは法廷に立ってようやく自身の内面、事件の宗教的な側面について口を開き始める。麻原の支配から徐々に解き放たれていったのである。

2008年、オウム事件を追い掛けてきたフォトジャーナリストの藤田庄市《ふじた・しょういち》（70）は、女子大から講師の依頼を受けた。テーマは「カルトへの入会の防止」。面会や手紙のやりとりを続けていた、地下鉄サリン事件の散布役で死刑囚の広瀬健一《ひろせ・けんいち》（53）に学生向けのメッセージを頼むと、丁寧な自筆でつづった便箋59枚の手紙が届く。なぜオウムに入信したのか、修行の模様など自身の体験や現在の心境まで、克明に記してあった。

「宗教的経験はあくまでも〝個人的〟な真実として内界にとどめ、決して外界に適用すべきではありません。オウムはそれを外界に適用して過ちを犯したのです」と広瀬。指導者や教えへの服従はないか、過度に厳しい規制がないか、自己を否定されないか、会員が一般社会から離れて集団生活に入る傾向がないか……。いくつもの注意点が列記されていた。

不特定多数の市民を標的にする、かつてなかったテロ。純粋な若者たちがなぜ麻原に引き寄せられ、凶悪犯罪に手を染めたのか。膨大な捜査、法廷資料を基に検証していくという責務が、次の時代に持ち越された。＝２０１８年３月17日

（＊２０１８年７月、麻原らオウム真理教幹部13人の死刑が執行された）

（メモ）カナリア持参の捜索

オウム真理教は、富士山麓に広がる山梨県の旧・上九一色村や静岡県富士宮市などに10カ所以上の「サティアン」と呼ぶ施設を建設した。教祖の麻原彰晃《あさはら・しょうこう》の居住場所やサリン製造プラント、印刷工場、武器密造工場などとして使っていた。

地下鉄サリン事件の2日後の一斉捜索では、防毒マスクを着けた捜査員がカナリアの入った鳥かごを持ち、サティアンに入って行った。

有毒ガスによる襲撃に備え、ガスに敏感とされるカナリアを持参したのだ。サリン製造は第7サティアン、麻原が逮捕されたのは第6サティアンの隠し部屋だった。施設は全て取り壊された。

「函館ハイジャック事件」オウムの影に緊迫の現場

「長官命令」で心一つに　官房機密費から報奨金

文・志田　勉
写真・藤井保政

北海道の防災ヘリコプター「はまなす」は函館市上空を旋回していた。黒雲に阻まれ降下できない。1995（平成7）年6月21日午後3時ごろ。「もう着いたか」。機中の道警本部長伊達興治《だて・おきはる》（77）に、警察庁から何度も電話が入る。雲の切れ間を必死に探した。

批判の火の粉

3時間前の道警（札幌）。テレビは「羽田発函館行き全日空機857便がハイジャック」と速報した。機内で犯人の男は液体の入った袋にドライバーを刺すそぶりをして「何だか分かるな」と猛毒サリンを示唆した。

3月20日、オウム真理教が地下鉄サリン事件を起こした。車両内でサリンが入った袋に傘で穴を開けてまき、13人が死亡、約6200人が重軽症を負った惨事。そのオウムの影が見え隠れする。

直ちに伊達は会議を開いた。「函館に行く。これは長官命令だ」。その瞬間、居並ぶ幹部は一人の顔を思い浮かべた。

警察庁長官国松孝次《くにまち・たかじ》（80）。地下鉄サリン事件の10日後、東京の自宅マンション前で銃撃され、瀕死《ひんし》の重

ハイジャック機が駐機していた付近で、当時とは機首を反対にして全日空機が羽田へ向け出発の準備をしていた。捜査の指揮に当たった元北海道警函館方面本部長の角地覚は、難しかった突入の決断を熱く語った＝函館空港

傷を負った。ハイジャック事件のあった日は入院先の日本医大病院から警察庁に登庁していた。

本部長が現場指揮するのは異例だった。道警幹部は「士気が高まる半面、現場が過剰に気遣いする危険がある。あの時は長官命令と聞き、やるぞとなった」と振り返る。

首相官邸も神経をとがらせた。1月の阪神大震災の初動でもたつき、地下鉄サリン事件、長官銃撃事件が相次ぎ発生。村山内閣に批判の火の粉が降り、危機管理の構築が急がれた。函館空港に着陸後、犯人は羽田へ引き返しを要求。官房副長官古川貞二郎《ふるかわ・ていじろう》（83）は「（東京に来て）政治の中枢をめちゃくちゃにするつもりか」と身震いした。

未明の突入

北海道は面積が広いため道南地域の警察署は函館方面本部の管轄になる。同本部はサリン研究の跡がある医師を以前から極秘でマークしていた。

「犯人と医師が結託していたら……」。方面本部長角地覚《かくち・さとる》(79)は最悪の事態を想定した。

伊達はヘリで函館に到着後、角地と対策を練る。男は説得に応じない。だが乗客の携帯電話で機内の様子が徐々に伝わってきた。単独犯のもよう。銃はない。乗客乗員364人の我慢は限界に近い。伊達と角地らは、気付かれにくい夜明け前の解決を探った。

その日の夜更け。伊達の妻美沙子《みさこ》(72)は東京の留守宅で鉢巻きを締め、おにぎりを握った。父は三井三池炭鉱の仕事に携わる。おにぎり作りは一大事どきの習わしだ。「全員、助かりますように」。手に力が入った。

午前3時28分、防弾チョッキ姿の49人が機体後方から闇に溶けるように接近。うち警視庁特殊急襲部隊「SAT」21人が機体3カ所にはしごを掛け、ドアを解錠した。秘密部隊が公に「顔」を見せた初の事件だった。「3、2、1、ゴー」。突入は道警機動隊員ら28人。警棒で殴打すると、男は崩れ落ちた。機内に拍手が広がる。16時間にわたり、列島が注視した事件は、あっけない幕切れに。夏至の暁がゆっくりと空を染めた。

犯人は53歳の銀行員。オウムと無関係で、袋の中身は水だった。凶器はドライバー1本だけ。保安検査の抜け穴を浮き彫りにした。

温かい視線

解決後、伊達の携帯電話が鳴る。国松からだった。東大在学中に国松は剣道部、伊達は空手部で旧知の仲。警察庁で警備畑を共に歩む。「ご苦労さん」。ねぎらいの言葉に伊達はやっと緊張を解いた。

一方、角地には悔いが残る。女性乗客がドライバーで肩を刺され、けがをしたからだ。「心にも傷を負っていないか」

11人きょうだいの末っ子。９歳で母を、12歳で父を病気で亡くした。きょうだい４人も世を去る。戦後の混乱期に20歳上の長兄が面倒をみてくれた。そのせいか人の気持ちに敏感だ。「たたき上げの最高峰」の役職に就いても、市民への温かい視線は変わらなかった。

後日、官邸から道警へ秘密裏に金一封が贈られた。道警幹部が耳打ちする。「官房長官からで１００万円。出所は官房機密費。報奨金だ」。正式名は内閣官房報償費。国の事業の円滑な遂行が目的で官房長官が支出を判断する。「権力の潤滑油」と呼ばれるが、詳しい使途が公になったことはない。

官房長官の五十嵐広三《いがらし・こうぞう》は他界。補佐した古川は、機密費支出を否定はしない。「一生懸命やったから報奨金はあり得ると思う。士気を鼓舞するからね」。機密費は当時、年間約15億円あった。

夏の盛りに、札幌で慰労会が開かれた。参加者は酒たるを割り、杯を重ねた。角地は気を利かし、兵庫県伊丹市の酒「大手柄」を持参した。「こういう金は残してもしょうがない」と伊達。現金は酒肴《しゅこう》に変わり、瞬く間に大食漢たちの胃袋に消えていった。＝

２０１８年１月27日

（メモ）急ピッチで進むテロ対策

北海道・函館空港のハイジャック事件で、男の動機は家庭不和と職場の配置転換がきっかけだった。悩んで自殺を考える。「国民が憎むオウム真理教の教祖を釈放させ、機内で刺し違えて死ぬ」と供述した。

凶悪犯と、かけ離れていた姿。身近な生活用品のドライバーという凶器は、羽田空港の保安検査で見抜けなかった。

東京五輪・パラリンピックの開幕まで千日を切った。テロ対策は今、急ピッチで進む。

例えば、最先端技術のボディースキャナーは２０１６年度、８空港で導入された。電波で爆薬の物質や金属類を検知する。従来のゲート型金属探知機よりも格段に性能がアップした。＝

「幼女連続誘拐殺人」密室の攻防、自供引き出す

「覚めない夢」と宮崎勤　霊園の石碑に時の流れ

文・戸口拓海
写真・堀　誠

焼けた人骨の入った段ボール箱が見つかった。1989（平成元）年2月6日、埼玉県入間市の集合住宅。中には紙片もあり、半年前に行方不明になった、この住宅の4歳女児の名前とともに「遺骨　焼　証明　鑑定」と記されていた。

4日後、新聞社に女児の顔写真を貼った「犯行声明」が送りつけられる。封筒の差出人は「所沢市　今田勇子」となっていた。用紙には「遺骨入り段ボールを置いたのは、この私です」と手書きの文字。翌日、女児宅にも届いた。

同県飯能市と川越市でも7歳と4歳の女児が失踪、うち1人は遺体で見つかっていた。「過去にない異常な事件だな」。警視庁捜査1課警部補の大峯泰広《おおみね・やすひろ》(70)は気味悪さを感じた。同時に声明文を見て疑問を持つ。「角張った硬い字。女じゃなくて男じゃないか」

この年6月、東京都江東区の5歳女児が行方不明となり、飯能市の宮沢湖霊園で両手足首などが切断された状態で見つかった。埼玉と東京。大峯の頭の中で、初めて4つの事件がつながった。

女児の遺体が見つかった宮沢湖霊園に建てられた石碑。霊園を訪れた人たちが花や人形を供えていく。「なむあみだぶつ」とひらがなで書かれているのは被害者が幼かったから＝埼玉県飯能市

シロかクロか

幼女連続誘拐殺人、不明事件で埼玉県警と警視庁が捜査本部を設置した後の7月23日、東京都八王子市内の川で、6歳女児を全裸にしてカメラを向けていた男が強制わいせつ容疑で現行犯逮捕された。五日市町（現あきる野市）の印刷業手伝い宮崎《みやざき》勤《つとむ》。26歳だった。

事件概要を聞き、大峯は一連の事件との関わりを感じた。少女を狙った点が一致しているほか、宮崎の車のトランクから血痕が見つかり、運転席下に荷造り用テープが積まれていたからだ。

だが不確定要素もある。宮崎の住所は五日市町で、5歳女児の家がある江東区から離れている。4歳女児が遺体で見つかった現場近くで脱輪したツートンカラーの車が目撃された情報を埼玉県警は重要視していたが、宮崎の車は紺色だった。

シロかクロかー。大峯は確信を持てないまま

宮崎から聴取するため、起訴2日後の8月9日、八王子署に向かった。

矛盾を突く

八王子署2階の取調室。午前10時ごろ、密室の攻防が始まった。履歴を聞くが、宮崎は目線も合わせず、自ら口を開かない。「暗いやつだな」という印象だった。

夕方、宮崎が「趣味はカメラやビデオの撮影」と話した。確かに大峯が訪れた宮崎の部屋には、5千本以上のビデオテープが壁一面の棚や床に置かれていた。「どこで撮影するんだ」と尋ねる。宮崎はさまざまな場所を挙げた。その中に「有明テニスの森」があった。

「有明」という言葉に引っかかった。「5歳女児の江東区の自宅とは目と鼻の先。土地勘がある。こいつがホシ（犯人）じゃないか」。疑惑が一気に膨らんだ。

夕食後、本格的に追い詰めた。「おまえがやった悪いことを全て話してみろ」。宮崎は「車がガス欠になって渋滞させた」「立ち小便をした」と答える。「おまえがやった犯罪を聞いてるんだ。全て知っているぞ」

車内の血痕については「友人がけがをした」。確認したが事実はない。発言の矛盾を突き、テープの使い道もただした。

「黙って聞いてください！」。午後10時半ごろ、宮崎は突然、声を荒らげ、ついに5歳女児の事件の自供を始めた。

翌日、自供に基づき東京都奥多摩町で遺体の一部が見つかった。宮崎は捜査本部がある深川署に移送され、殺人容疑などで再逮捕された。

事件関与を認める上申書の筆跡は、犯行声明と酷似していた。確信を深めた大峯が埼玉の３事件も追及すると、宮崎は相次ぎ自供した。段ボール箱も置いた。「所沢市　今田勇子」についても「実在しない。今だから言う、という意味。埼玉県の人を一連の犯人として仕立て上げたかった」。

取り調べた９月６日までの間、反省の言葉はほぼなかった。自宅には遺体を撮影したビデオもあり「世界で一番大事な宝物」と言ってはばからない。「捕まってなかったら、ほかにもやってたんじゃないか」と聞くと、宮崎はただ笑っていた。

生きていれば

東京地裁で始まった公判で、宮崎は事実関係を認めたが「覚めない夢の中でやった」「ネズミ人間が出てきた」などと供述。弁護側は心神喪失による無罪を主張した。

東京地裁は97年４月、責任能力を全面的に認め「動機は性的欲求などであり、浅ましいと言うほかない。人の尊厳を踏みにじる態度には目を覆うものがある」として求刑通り死刑判決を言い渡した。45歳だった２００８年６月、執行される。

（メモ）５７８７本のビデオ収集

宮崎勤《みやざき・つとむ》は1962年生まれ。地元の東京都五日市町（現あきる野市）の公立小中学校や明治大付属中野高を経て、83年に東京工芸大短大部（97年廃止）を卒業した。就職した小平市の印刷会社を退社し、88、89年の事件当時まで、父親の印刷業の手伝いをしていた。

幼少から内向的だったが、猫や犬を虐待し、母親や妹に暴力を振るうことも。中学生ごろからビデオテープの収集を始め、短大生のころから女性の下着や少女の裸を撮影するようになった。

自宅から５７８７本のビデオが見つかったことなどから、好きな事象に没入する「オタク」への偏見や批判が強まる契機にもなった。

宮沢湖霊園には、悲劇が二度と起きないことを願い石碑が建てられた。「なむあみだぶつ」と刻まれた石碑は日に焼け、時の流れを感じさせる。

「生きていれば30歳を超えている、みんな。何とも言えない哀れみを感じる」。大峯は、幼かった被害者らに思いをはせた。＝２０１８年12月8日

「公訴時効の廃止」殺人被害者遺族の願い結実

「娘の魂と生きた時代」　命の大切さ講演で伝える

文・黒木和磨
写真・武居雅紀

遺族らの積年の思いが結実した瞬間だった。２０１０(平成22)年4月27日。殺人罪などの公訴時効の廃止、延長を柱とする改正刑事訴訟法と改正刑法が衆院本会議で可決、成立した。

「やった！」。１９９０年12月に長女を殺害された札幌市の生井澄子《なまい・すみこ》（82）は傍聴席で見届けると、殺人事件被害者遺族の会(宙《そら》の会)の仲間と抱き合い、喜びを分かち合った。遺影を抱いて会見に出席した生井は「娘の死が無駄にならずに済んだ……」と声を詰まらせた。

事件から28年。わが子を失った悲しみと向き合ってきた。「娘の魂と生きた時代でした」

帰らぬ娘

札幌の街は雪で白く染まっていた。90年12月19日夜。札幌市西区の自宅で、札幌信用金庫(現北海道信用金庫)幌北支店に勤める長女宙恵《みちえ》＝当時（24）＝の帰宅を待っていた。娘は帰らず、帰宅が遅い日にあるはずの連絡もない。一抹の不安を感じながら、午前2時まで起きて帰宅を待った。

翌20日、出勤したパート先で札幌信金から「出勤していない」と電話を受けた。急いで自宅に帰ると、付近に積もった雪に不自然な足跡が延びていることに気付いた。さらに雪に埋もれた娘の帽子を見つけ、不安は一気に募った。「誰かに連れ去られたのかも……」。通報を受けた道警は西署に捜査本部を設置した。

遺体は22日午前、自宅近くの民家軒下で見つかった。身元確認のため向かった西署では、遺体安置所に入る前に足がすくんだ。単身赴任先から駆け付けた夫郁郎《いくろう》に「それでも母親か」と叱られたが、どうしても中には入れなかった。

道警は殺人容疑で、直後に失踪した当時22歳の近所の男を全国に指名手配した。「必ず捕まえます」。捜査員は声を掛けてくれたが、逮捕の知らせは届かず、２００２年２月には郁郎が65歳で他界した。そして迎えた05年12月19日午前０時。公訴時効が成立した。

無限の時間

時効廃止を求める宙の会設立の動きを知ったのは08年暮れ。「命を奪って逃げ得は許せない」とすぐに参加を決めた。09年２月の発足時は、１９９６年に東京都葛飾区で上智大生の女性が殺害された事件や、２０００年の世田谷一家４人殺害事件の遺族らと発起人に名を連ねた。

娘と同じ「宙」の文字が含まれることに不思議な縁を感じた。「宙」は「無限の時間」を意味し、「時効の壁を越えて犯人に裁きを」との思いが込められていた。会の活動で何度も札幌から東京に飛び、陳情で法務省を訪れた。賛同の署名集めでは周囲の多くの人が協力してくれ、感謝した。

活動を通じて、多くの仲間に出会う。渕村信子《ふちむら・のぶこ》（80）もその一人だ。愛知県豊明市で04年に母子４人が殺害、放火された事件で、娘と孫３人を失った。同じ悲しみを経験しているからこそ打ち解けられる。大切

1990 年に殺害された長女宙恵の遺影に優しく語りかける生井澄子。２人ともおしゃべりが大好きだった＝札幌市

な心の支えとなった。2月の総会の後には一緒にカラオケに行くのが恒例だった。渕村は「大切な娘を失った思いは同じ。なんでも話せる家族のような存在、笑顔も涙も共有してきた」と話す。

10年に殺人罪などの公訴時効廃止を含む改正法が成立。１８８０年の「治罪法」制定以来続いてきた時効の一部がなくなり、刑事政策の転換点になった。

「娘を失ったことは悪夢だけど、あんなにうれしいことはなかった」と生井は振り返る。

検察庁から返っていた証拠品の段ボールを時効廃止が実現した後、開けた。事件当時、娘が着ていた茶色い厚手のコートが入っていた。「結婚してからも使えるような高いものがほしい」と娘が自分で買ったものだ。

コートを抱きしめておえつした。厳しくも大切に育てた。どこに出しても恥ずかしくない自慢の娘。「お母さん」といつもじゃれてきては、よく一緒に買い物もした。在りし日の娘のぬくもりを思い出し、涙は止まらなかった。コートはその後、焼いて供養した。

遺影に語る

時効が成立した娘の事件は廃止の対象ではない。宙の会の仲間が事件解決の情報提供を求めるチラシ配りをする姿を見て「私は何もしてあげられない」と寂しい気持ちになることもある。

それでも遺族としての活動を続けてきたのは「安全安心な社会であってほしい」と強く願うからだ。道警主催の講演会「命の大切さを学ぶ教室」では、道内60以上の中高校で生徒らに自分の体験を伝えてきた。

娘が夢に出てきた日は「ありがとう」と仏壇の前で感謝する。だが、高齢のせいか、最近はその夢さえもすぐに忘れてしまうことが悔しい。

天国で娘に会える日は遠くないかもしれない。娘に胸を張れるよう、遺族としてできることを少しでも続けたい。「もう少し頑張るから待っててね」。遺影に優しく、語り掛けた。＝２０１８年11月17日

（メモ）　捜査本部継続で逮捕

２０１０年の公訴時効廃止は殺人罪や強盗殺人罪など「人を死亡させた罪」のうち最高刑が死刑の罪を対象にした。１９９７年に三重県のホテルで起きた強盗殺人事件は、時効廃止に伴い捜査本部が継続され、容疑者を割り出して逮捕した初のケースとなった。通常の事件でも科学捜査の進歩などで時間が経過してから解決するケースもあり、遺族らは「次は自分の事件かもしれない」と逮捕の報を待っている。

犯罪被害者基本法成立（２００４年）や刑事裁判への被害者参加制度導入（08年）などに大きな役割を果たした全国犯罪被害者の会（あすの会）は、会員の高齢化などを理由に18年6月に解散した。

「本島長崎市長銃撃」記者の目前、崩れ落ちる

「言論の自由守りたい」　取材経験基に市民運動

文・井上浩志
写真・堀　誠

爆竹がはじけたような「パン」という音が響いた。１９９０（平成２）年1月18日午後3時すぎ。長崎市役所のロビーから3階の記者室に戻ろうとしていた長崎放送記者の関口達夫《せきぐち・たつお》（68）が振り返った。玄関を見ると、直前まで質問攻めにしていた長崎市長の本島等《もとしま・ひとし》が、ドアが開いた公用車の後部座席に崩れ落ちていった。

「大丈夫ですか」。駆け寄って声を掛けた。本島からの返事はない。へたり込んで口を開いたままだ。目に力はなく、服には血がにじんでいた。「撃たれたな」。救急車が呼ばれていることを確認しカメラを手配した。

左胸を撃ち抜かれたが、一命は取り留めた。その日のうちに逮捕されたのは右翼団体の男。約1年前、病状が悪化していた昭和天皇について本島が「戦争責任はあると思う」と発言したことへの反発が動機だった。

全国から街宣車

ラジオディレクター志望だった関口は、74年にカメラマンとして長崎放送に入社した。納得できる構図を決めるための取材をするうち「自分で表現したい」との思いが募り、記者への職種転換を申し出る。10

年間の警察取材を経て、長崎市政担当になったのは87年だ。

本島の戦争責任発言が飛び出したのは翌年12月7日の長崎市議会本会議。共産党市議が、天皇が戦争の早期終結を決めていれば、広島、長崎への原爆投下はなかったと主張。見解を問われた本島は、淡々と答えた。議場の記者席にいた関口は答弁を違和感なく受け止めた。自治体首長が公の場で天皇の戦争責任に言及するのが異例だとは分かっていた。ただ、それが「大ニュースだと思わなかった」と言う。

自民党長崎県連は反発、県連幹事長を務めたこともある本島の顧問職を解任した。全国から右翼団体の街宣車が長崎市に大挙して乗り込み、発言の撤回を要求。昭和天皇が亡くなった後も銃弾入りの脅迫状が市役所に届いたり、庁舎に弾丸が撃ち込まれたりした。

原爆報道に力

「ごく常識的な内容なのに、異常な反応が示される世の中はおかしい」。関口は、本島を巡る動きを追う中で思いを強め、取材にのめり込んだ。そんな中で起きた銃撃。事件後も本島が前言を翻すことはなかった。かつては選挙に多大な関心を寄せる「政治屋」のイメージを本島に抱いていたが、圧力に屈さずに自らの言論を貫く姿勢に共感を覚えていく。

2007年4月、本島の後任市長伊藤一長《いとう・いっちょう》＝当時（61）＝がJR長崎駅近くで、暴力団幹部に射殺された。この2代続いた銃撃現場にも関口は駆け付け、立ち会っている。退職する16年までほぼ一貫して長崎市政の取材を続けた関口が記者生活で最も力を入れたのは、27年間にわたり取り組んだ原爆報道だ。

被爆者約250人から体験を聞き取り、原爆で壊滅状態になった長崎の街は、映像を繰り返し見る中で脳裏

本島等市長が銃撃された長崎市役所の玄関で当時の様子を語る関口達夫。本島発言が波紋を広げた時代よりも言論の自由を巡る事態は深刻だと思っている

に浮かぶようになった。取材すればするほど「伝えるのが俺の仕事だ」との自負が強まった。

被爆者取材に打ち込む中で、本島との関わりも深まる。在任中、加害国の立場から朝鮮人被爆者らに謝罪、退任後は一市民として平和運動に力を注いだからだ。本島は14年に92歳で死去したが、関口はその平和への思いと行動を追い続けた。

事態は深刻に

原爆取材をライフワークとして捉えていた関口は退職後、戦争体験者の証言を集めるつもりだった。だが言論の自由を考える上で見過ごすことができない状況が生まれていると感じ、ジャーナリストとして活動しながら市民運動に身を投じる。

16年、報道番組で政府に対し率直な物言いをしてきたキャスターが相次ぎ降板し、政権による圧力やメディアの萎縮が取り沙汰された。総務相高市早苗《たかいち・さなえ》（57）は、政治的に公平であることを定めた放送法の違反を繰り返す放送局に対し、電波停止を命じる可能性に言及した。

「圧力を受けるテーマと抑圧の手法が多様化している」。関口は、本島発言が波紋を広げた時代よりも事態は深刻と受け止めた。知人のマスコミOBらに声を掛け、退職後に市民団体「言論の自由と知る権利を守る長崎市民の会」を設立、事務局長に就いた。

関口に請われて代表に就いた元長崎新聞記者の南輝久《みなみ・てるひさ》（69）は「自分の主張を曲げず、視聴者の立場に立って仕事をしてきた人」と関口に全幅の信頼を寄せ、政府に声明文を送るなどの活動を展開している。

会を立ち上げる時、特に本島のことが関口の頭にあったわけではないが、言論の自由への問題意識を持つきっかけとなったあの事件が「底流にあったことは間違いない」。

本島が生きていたら、こう言うのではないか。「なんとかせんば、いかんばい」。その声を関口は真摯《しんし》に受け止めたいと考えている。＝

2018年9月8日

（メモ）後絶たないテロ事件

意見を異にする言論を暴力で抑圧する動きは絶えない。1960年、日米安保条約改定の反対闘争の先頭に立った社会党委員長の浅沼稲次郎《あさぬま・いねじろう》が東京・日比谷公会堂で演説中、17歳の右翼少年に短刀で刺されて死亡した。

87年、兵庫県西宮市の朝日新聞阪神支局に男が押し入り散弾銃を発射、記者2人が死傷。「赤報隊」名の犯行声明には「反日分子には極刑あるのみ」と記され、未解決のまま公訴時効が成立した。2006年には、元自民党幹事長の加藤紘一《かとう・こういち》（故人）の実家を右翼団体構成員の男が放火する事件も起きた。首相の小泉純一郎《こいずみ・じゅんいちろう》（76）の靖国神社参拝を批判したことへの反発が理由だった。

「日本赤軍・重信房子逮捕」革命の夢果たせず帰国

パレスチナ迫害に怒り　中東拠点に国際テロ

文・半沢隆実、津村一史
写真・沢田博之

晩秋にしては暖かい朝だった。２０００（平成12）年11月８日。大阪府高槻市の中心部にあるホテル前の路上を大阪府警の捜査員らが固めた。

標的は国内外で30年近く逃亡を続けてきた「女性革命家」。午前10時半すぎ、ホテルを出てきた一人の女に捜査員が近づく。名前を呼ぶと、一瞬慌てた様子を見せながらも逮捕に応じた。

容疑者は日本赤軍の最高幹部、重信房子《しげのぶ・ふさこ》（73）。中東に潜伏中とみられていた彼女の逮捕劇は、日本中を驚かせた。

「改革と解放の夢の途中で逮捕された」。重信は懲役20年の刑で収監されている東日本成人矯正医療センター（東京都昭島市）で書面インタビューに答え、こう振り返った。長い服役やがん闘病を感じさせない整った筆跡で「夢を実現し続けたい」と、今後の希望もつづっている。

冒険的な日々

東京出身の重信は、明治大在学中に新左翼活動に参加し「世界革命の勝利」を目指して１９７１年、レバノンに渡った。その後、国内の赤軍派から分派する形で日本赤軍を結成。パレスチナ解放人民戦線（PFLP）とゲリラ活動を展開する。

72年のイスラエルのテルアビブ（現ベングリオン）空港乱射事件のほか、オランダ・ハーグのフランス大使館占拠事件（74年）、日航機ハイジャック事件（77年）などを起こす。重信の有罪判決理由は、ハーグ事件への関与だった。

日本赤軍はテロ集団と指弾されたが、空港乱射の実行犯で後にイスラエルから釈放された岡本公三《おかもと・こうぞう》（70）らは、虐げられたパレスチナ人のために極東から駆けつけた「英雄」と、アラブ諸国ではみなされた。レバノンの首都ベイルートにあるパレスチナ難民キャンプを訪ねると、信頼の強さがうかがえる。日本人記者と分かると「コウゾウ・オカモトを知っているか」と声が掛かる。男性住民は「命を捨ててまで一緒に戦ってくれたのは、日本赤軍だけだ」と力説した。

当時イスラエルの報復を警戒しながら続けたゲリラ闘争で、重信は多くの友を得る。73年にはまな娘のメイ（45）を出産した。「人間的で、冒険的な日々だった」と重信は述懐する。

衰退の道

しかし相次ぐメンバー逮捕やアラブ諸国の対イスラエル政策の変化によって、組織は衰退の道をたどる。97年にはついに、長年の拠点だったレバノンで岡本ら5人が治安当局に拘束された。

重信はメイを残して日本へ戻る決断をした。

97年11月から２０００年3月にかけ、他人名義の旅券で出入国を16回繰り返し、北京や香港などとの間

パレスチナ難民キャンプで暮らす人たちと話す重信メイ＝レバノンの首都ベイルート

を往復。捜査当局は、内外の潜伏メンバーや支持者と会合を重ね、関西を拠点に新たな組織立ち上げを計画していたと分析している。

活動再編のもくろみは自身の逮捕で頓挫。支援者らにも逮捕者が出て、組織は壊滅する。重信は逮捕翌年、日本赤軍の解散を宣言した。「革命家として誇れるものはない」という重信の言葉には無念がにじむ。

レバノンから強制送還された元日本赤軍メンバーの映画監督、足立正生《あだち・まさお》（79）は「日本国内（の組織）固めという思いは分かるが、目立つ者は日本に足を踏み入れない、一人で行動しないなどのルールを全て破った」と苦言を呈する。

大惨事

パレスチナ人はかつてユダヤ人と平和的に共存していた。それを一変させたのが１９４８年の一方的なイスラエル建国宣言だ。反対するアラブ諸国との第１次中東戦争が勃発。争乱の中、パレスチナ人虐

70万人以上が難民となって周辺国に逃れた。

故郷を失った彼らは、この出来事をナクバ（大惨事）と呼ぶ。その後もイスラエルは占領・入植地を着々と拡大、難民は約530万人に増えた。「あまりの不正義・不条理」（重信）という怒りは、今も続くパレスチナ支援の原動力だ。

90年代に米国などの仲介で始まったパレスチナ暫定自治も、右派リクードがイスラエル政権を握ると有名無実化した。パレスチナ国家樹立を軸とする平和的共存の機運は急速にしぼんだ。

さらに米トランプ政権は露骨なイスラエル寄りの外交政策を連発。反発したパレスチナ人とイスラエル治安部隊の衝突で、2018年3月以降、190人以上が死亡、2万人以上が負傷した。

情勢は悪化の一途だ。重信自身も4回の手術で9カ所のがんを切除したが「パレスチナは、イスラエルと米国によるかつてない弾圧に直面している。難民帰還の権利実現を」と声を上げ続ける。

重信の逮捕後、日本国籍を取得してジャーナリストとなった娘のメイは、ベイルートで会った際、きっぱりと言った。「もう現場に足を運ぶことはできないだろうが、母のエネルギーと情熱は変わらない」＝2018年10月27日

（メモ）テロ拡散の原因の一端

パレスチナ解放闘争は、アラブ諸国やパレスチナ人自身の武装組織による土地の奪還や民族自決権を目的とし、宗教意識とは必ずしも結びついていなかった。

しかしナクバ（大惨事）以降、イスラム教の聖地があるエルサレムを奪ったイスラエルや支援する米国に対する反発が、ユダヤ教やキリスト教に対する激しい憎悪に変質。国際テロ組織アルカイダが象徴する、ゆがんだイスラム過激思想を中東にもたらし、さらに醜悪な「イスラム国」（IS）が誕生する土壌を培った。

中東から欧米にテロを拡散した過激思想は、パレスチナ問題の未解決に原因の一端がある。

第3章　沖縄少女暴行事件

「沖縄少女暴行事件」噴き出した怒りのマグマ

島ぐるみの総決起大会　女性、若者立ち上がり

文・森　保裕
写真・藤井保政

「私たちに静かな沖縄を返してください。軍隊のない悲劇のない平和な島を返してください」。普天間高校3年、制服姿の仲村清子《なかむら・すがこ》の切々とした訴えに、本土復帰後最多の約8万5千人（主催者発表）で埋まった会場は静まりかえった。

1995（平成7）年10月21日、沖縄県の宜野湾《ぎのわん》海浜公園で開かれた「米兵少女暴行事件を糾弾する県民総決起大会」は保革が結集した「オール沖縄」の抗議行動だった。革新系の知事大田昌秀《おおた・まさひで》（故人）は冒頭で「幼い子どもの人間としての尊厳を守ることができなかった」と深く謝罪。沖縄は激しい怒りと悲しみに島ぐるみで揺れた。

抗議の声

「少女を、女性を守るためには私たちが行動を起こすしかない」。高里鈴代《たかざと・すずよ》（78）＝「基地・軍隊を許さない行動する女たちの会」共同代表＝は性暴力の被害者のための相談窓口「強姦《ごうかん》救援センター」を立ち上げ、総決起大会の会場で手作りのチラシを配っていた。

沖縄とずっと寄り添ってきた高里鈴代。県知事選では道行く人や車に思い切り手を振り、初当選した玉城デニーへの支持を訴えた＝那覇市

事件後、最も敏感に素早く反応したのは、沖縄の各女性団体だった。

高里ら女性非政府組織（ＮＧＯ）グループは９月、北京の国連世界女性会議で「沖縄における軍隊・その構造的暴力と女性」と題したワークショップを開催。沖縄に戻って空港で数日前に起きた事件を知り、直ちに抗議の声を上げた。

「ベトナム戦争の時は１年間に沖縄女性が４人も米兵に殺された。戦争で兵士の暴力性は強まる。女性を守るには基地を無くすしかない」。那覇市の相談員やＮＧＯ活動を通じ、米兵の暴行を受けた女性を長年支援してきた高里の持論だ。高里はいま、米軍普天間飛行場（宜野湾市）の名護市辺野古沖への移設計画に反対し、辺野古の米軍キャンプ・シュワブのゲート前で座り込みを続けている。

「辺野古への新基地建設は負担軽減ではなく、米軍基地機能と日米軍事同盟の強化だ」。

２０１８年４月23日の誕生日には機動隊ともみ合い、左の鎖骨と肋骨《ろっこつ》４本を折った。筋金入りの女性活動家だ。

再びギターを

佐渡山豊《さどやま・ゆたか》（67）は事件への怒りから総決起大会に１人で参加した。１９７０年代に上京して歌手デビュー、引退後は帰郷し、建築エンジニアとして米軍基地で働いていた。大会後「もう一度ウチナンチュー（沖縄人）の心を歌ってほしい」という働きかけが繰り返しあり、しまい込んでいたギターを引っ張り出した。

「笑顔の似合う人たちの怒りのマグマは息づいているんだ」。自作曲「薄情な風」には、沖縄戦、米軍占領を経て、重い基地負担を抱える沖縄人の不満が刻み込まれた。

「戦争が嫌い。人を殺す道具が周りにあるのもいやです。私たち若者がいやだと思うことを口に出し、行動することが大事だと思う」。仲村清子は大会で呼び掛けた。

沖縄戦や占領を体験していない高校生や大学生の中で、大会を契機に基地問題に目覚めた人たちは自らを「95年世代」と呼ぶ。「戦中、戦後、復帰後の各世代が出会い直し、共通の言語を紡いでいくきっかけをつくった」。沖縄の思想文化に詳しい映像批評家仲里効《なかざと・いさお》（70）は大会の意義をこう分析した。

抵抗の中で

事件で噴き出したマグマは日米両政府を動かした。96年４月、両政府は米軍普天間飛行場の全面返還で合意したのだ。しかし、99年12月、政府は閣議で移設先を辺野古に決定、反対派は県内基地の固定化や環境破壊の恐れに反発を強めた。

知事だった稲嶺恵一《いなみね・けいいち》（84）は辺野古移設について「国とやり合う中で、ベストではなかったが、ベターな苦渋の選択をした」と振り返る一方で、要求した軍民共用や使用期限設定は認められず「非常に残念だ」と真情を漏らした。保守系の稲嶺も沖縄経済界代表として大会に登壇していた。

２００９年、鳩山由紀夫《はとやま・ゆきお》（71）は首相就任前、移設先について「最低でも県外」と発言。「政府がやる気になれば県外に移せるのだと県民全体の意識が変わり、問題はさらにこじれた」（稲嶺）

経済振興策を振りかざし強引に移設計画を進める安倍政権について稲嶺は「橋本龍太郎《はしもと・りゅうたろう》、小渕恵三《おぶち・けいぞう》両首相らは沖縄に理解があり、県民感情に気を使った。今の政府は感情抜きだ」と批判する。

総決起大会から23年。沖縄の基地負担は軽減されず、米軍機の事故は頻発。殺人、強姦など米兵の犯罪は続くが、日本の捜査権が制限される日米地位協定は改正されない。

しかし、粘り強い抵抗運動の中で、沖縄人意識を強める人も多い。18年９月末の県知事選では、急逝した前知事翁長雄志《おなが・たけし》の遺志を継いで辺野古移設反対を掲げた玉城《たまき》デニー（59）が初当選を果たした。

（メモ）政府国民の無理解に反発

沖縄では時折、保革一体となったオール沖縄（島ぐるみ）の抵抗運動が起きる。沖縄戦、戦後の米軍占領そして現在の重い基地負担への根強い不満や、日本政府や国民の沖縄に対する無理解への反発が原因だ。

沖縄戦では日本軍の命令で多数の住民が集団自決をさせられた。２００７年９月には、集団自決強制の教科書記述を削除した文部科学省検定意見の撤回を要求する超党派の県民大会（約11万人）があった。

仲里効《なかざと・いさお》（70）は１９９５年の総決起大会後に「沖縄自立論が胎動し、注目されるようになった」と分析する。２０１３年には沖縄独立を目指す研究学会も設立された。

高里らは玉城の選挙運動に全力で取り組んだ。

「抵抗の中で積み上げてきた蓄積は大きい。これからも人々の歴史体験の繊細な部分を刺激するできごとがあれば、保革を問わないオール沖縄の抗議が行われるだろう」。仲里は断言した。＝２０１８年10月13日

「ハンセン病訴訟」「人間の尊厳奪われた」

患者隔離政策は違憲　差別が生んだ独房死

文・岩井美郷、藤原聡
写真・萩原達也

ハンセン病患者の隔離は必要なく、違憲性は明白―。裁判長が判決を読み上げると、原告や支援者で埋まる傍聴席はどよめき、歓声が上がった。

２００１（平成13）年５月11日、熊本地裁。国立ハンセン病療養所の元患者ら１２７人が国家賠償を求めた訴訟で、国に総額約18億２千万円の支払いを命じた瞬間だった。竪山勲《たてやま・いさお》（69）は原告席で、亡父の写真を見つめていた。「勝った。おやじ、ありがとう」

訴訟は、星塚敬愛園（鹿児島県）と菊池恵楓園《けいふう》（熊本県）の入所者計13人の提訴で始まった。竪山はその一人。中学２年の時、父に連れられて敬愛園に入所し、各地の療養所を転々とした。

東京、岡山の両地裁にも提訴され原告は計７７９人。竪山は全国原告団協議会事務局長として裁判闘争を支えてきた。

判決の１年前、法廷で証言した。「私たちは人としての尊厳を奪われ、人として生きる権利を奪われ…」。らい予防法による隔離の「罪」を明確にしてほしいと訴えた。

秘策

国が控訴すると、裁判は長引き、高齢化した元患者の救済ができなくなる。東京地裁の訴訟原告で栗生楽泉園（群馬県）の入所者自治会長藤田三四郎《ふじた・さんしろう》（91）は、東京の都心に泊まり込み、国会議員や関係省庁へ陳情を繰り返した。

藤田ら全国原告団は厚生労働相坂口力《さかぐち・ちから》（83）と面会。控訴断念を求める申し入れ書を手渡す。

坂口は控訴断念に前向きの姿勢を見せたが、法務省は「国会の立法不作為がある」とした判決は受け入れがたいとして控訴を主張。政府内に「控訴した上で和解交渉する」という案が浮上した。

竪山は阻止するため、5月22日、元法相保岡興治《やすおか・おきはる》（78）に会う。「控訴すれば和解協議に応じない」。頭を抱える保岡に進言した。「国のメンツが大事なら政府声明を出してはどうか」。法律上の問題点は声明で指摘する。弁護団と練った秘策だった。「それだ！」。夜、保岡から「総理に伝えた」と電話があった。

翌23日、首相官邸の一室。首相の小泉純一郎《こいずみ・じゅんいちろう》（76）は、原告団の元患者9人と握手を交わした。竪山が「愛の心で決めていただきたい」と言うと、首相はうなずいた。

記者団の前に姿を見せた小泉は顔を紅潮させていた。「極めて異例な判断ですが、控訴を行わないと決定しました」

無残な最期

「控訴断念」の報を弁護士会館で聞いた藤田は、支援者らと抱き合い、涙を流した。「亡くなった人たちの霊に早く報告したい…」。長い歳月が脳裏によみがえった。

らい予防法の隔離規定撤廃を求めて国会前などで７日間の座り込みをしたこともある藤田三四郎。小学校の担任教師から贈られた言葉「一生青春・一生勉強」を座右の銘にしている＝群馬県草津町の国立療養所栗生楽泉園

藤田は、宇都宮の旧陸軍航空整備隊にいた１９４５年5月に発症。２カ月後、草津町の楽泉園に送られた。「寝ているとノミ、シラミが攻めてくる。外に出て払うが、何度もたかられ、眠れなかった」

患者の看護や食事運びなど大半の作業を患者が担う。藤田は重症者の世話をした。毎日、ウミを拭き取り、傷や耳の中からシラミを取り除いた。

楽泉園には「重監房」と呼ばれる施設があった。同園や各地の療養所で逃亡や反抗した患者が懲罰のため監禁された。南京錠が掛かる独房には暖房も電灯もない。貧しい食事は1日2回。氷点下になる冬季でも薄い布団が一組あるだけだ。38年から47年まで使用され、収監された93人のうち23人が亡くなった。

園の外れにあった施設は、入所者が知らない間に壊された。５年前、跡地の発掘調査があり、卵の殻や牛乳瓶などが見つかる。仲間が制裁を恐れず、差し入れたのだ。

「重監房を復元し、存在を永久に伝える施設を造ろうと運動した」と藤田は言う。街頭などで募った10万人を超える署名を厚労省に提出。元患者らの願いはかない、2014年4月、重監房資料館が完成した。資料館内に独房が復元され、無残な最期を遂げた人たちの記録が展示されている。

親と引き裂く

激しい差別は子どもたちにも及んだ。元患者の家族59人は16年2月、国に謝罪と損害賠償を求めた全国初の訴訟を熊本地裁に起こす。原告は増え、現在は計568人。

原告の宮里良子《みやざと・りょうこ》（73）は4歳のころ、両親が敬愛園に強制隔離された。「母ちゃん、行かんで」。泣きながら母を乗せたトラックを追いかけた。親子3人の暮らしは、崩れ去った。

敬愛園から脱走してまで生んでくれた両親のことを隠し続けなければならない。恋人は、両親のことを告げると去った。結婚した夫は「ほかには言うな」と口止めした。

（メモ）らい予防法と隔離

1907年制定の法律「癩（らい）予防ニ関スル件」で医学的根拠のないままハンセン病患者の隔離が始まった。全国各地に国立ハンセン病療養所が設けられ、31年の「らい予防法」（旧法）で全患者の療養所への強制隔離を制度化。断種・中絶手術も強制された。療養所長に懲戒検束権が与えられたため、栗生楽泉園（群馬県）の重監房などの懲罰施設もできた。

患者団体は隔離規定の撤廃などを求めて闘争したが、53年改正の「らい予防法」（新法）も強制隔離や許可のない外出禁止を明記。95年、厚生省（当時）の検討会が「隔離措置は不要」との報告をまとめ、翌96年4月、同法は廃止された。

宮里は「家族を引き裂き、これだけ苦しめたことを国に分かってほしい」と訴える。

熊本地裁判決の後もハンセン病への偏見や誤解はなくならない。03年には熊本県・黒川温泉のホテルが、元患者の宿泊を拒否する問題も起きた。

竪山は言う。「控訴断念を勝ち取った後、『ハンセン病問題の早期かつ全面的な解決を図る』という首相談話が出たが、ハンセン病問題はまだ終わっていない」＝２０１８年2月10日

「アイヌ民族の国会議員」議事堂に響く民族の言葉

ダム建設巡り法廷闘争　遺志継ぎ先住民交流

文・塚原裕生
写真・堀　誠

「クコロウタリ　コロイラウエ　シペッテッパクノ　クネプキルスイナ（私は仲間たちのために一生懸命働きたい）」。1994（平成6）年11月9日、参院環境特別委員会で萱野茂《かやの・しげる》は、アイヌ民族の権利回復のため新法制定を目指す決意を述べた。国会議事堂に初めてアイヌ語が響いた。

萱野はアイヌ初の国会（参院）議員。北海道旧土人保護法の撤廃も求め「旧土人とは誰のことなのか。それはアイヌであり、私であるのか」と差別的な法の名称について政府にただした。

同化政策を批判

「言語の重要性は日本にいる限り、アイヌ自身も気づきにくい。父はそれを認識していた」。秘書として支えた次男志朗《しろう》（60）が話す。アイヌ語による発言には、固有の言語や風俗習慣などを否定してきた同化政策への批判が込められていた。萱野は26年に北海道平取村《びらとり》（現平取町）二風谷《にぶたに》で生まれた。アイヌ語しか話せない祖母のウエペケレ（昔話）を聞いて育つ。60年代からテープレコーダーで古老たちの話を録音して「ウエペケレ集大成」を執筆。収集したアイヌ民具を基に現在の「萱野茂二風谷アイヌ資料館」を開設した。

二風谷ダムを見下ろす丘の上に立つ萱野志朗。アイヌ民族の権利回復、文化伝承に奮闘した父、茂の思いを語る＝北海道平取町

志朗が館長を務める。

失いかけた民族の言葉や文化を取り戻そうと奔走していた80年代。二風谷ダムの建設事業が始まり、北海道開発局が用地買収を進めていた。

建設予定地の沙流川《さるがわ》は、アイヌの舟下ろしの儀式「チプサンケ」が催され、叙事詩「ユーカラ」にも数多く登場する場所。萱野は民族の聖地が破壊され文化継承も途絶えてしまうと危ぶみ、北海道ウタリ協会（現北海道アイヌ協会）副理事長貝沢正《かいざわ・ただし》と共に、土地の明け渡しを拒否した。

貝沢が死去した後の93年、萱野と貝沢の長男耕一《こういち》（72）は、北海道収用委員会に土地強制収用の裁決取り消しを求めて札幌地裁に提訴した。

国政の場でも訴えようと92年、社会党の比例代表候補として参院選に挑む。落選したが、現職議員の死去に伴い94年8月繰り上げ当選した。

先住民と認定

萱野は二風谷ダム訴訟でアイヌ語を使って陳述した後、

日本語で怒りを込めた。「アイヌ語をしゃべっても皆さんには分からないでしょう。日本という別の国から来た別の民族だから。アイヌ民族の意に反する行為を、あなたたちはしている」

97年3月の判決は原告団も想定していない内容だった。「わが国の統治が及ぶ前から北海道に住み、独自の文化を保っており、先住民族に該当する」。札幌地裁は、司法の場で初めてアイヌを先住民族と認定したのだ。「廷内がどよめいたね」と耕一は振り返る。支援者たちは抱き合い、涙を流す人もいた。

判決は、ダム建設がアイヌ文化に与える影響の調査を怠り、民族の文化享有権を軽視したと指摘。国の事業認定も収用委裁決も違法としたが、ダム本体が完成していたため請求は棄却した。萱野は「権利獲得の足がかりだ」と評価し、記者会見で笑顔を見せた。

同年7月、旧土人保護法は廃止となり、アイヌ文化振興法が施行される。萱野は同法を新しい苗木と表現し「育てるのは後世のアイヌ」と語ったが、「内心では満足していなかった」と志朗。「文化に偏った内容で権利にほとんど触れていない。法律が成立しないことを懸念し、妥協した」

萱野は1期で政界を退いた後、執筆活動などを続け、２００６年5月に79歳で死去した。

マオリと交流

政府は現在、アイヌの生活や教育を支援する新法を検討している。だが、長年求めてきた先住権を新法で認めるのか、先行きは不透明だ。差別も根強い。14年には札幌市議が短文投稿サイトに「アイヌ民族なんて、もういない」と書き込む。北海道が17年に実施したアイヌ生活実態調査では面接した道内のアイヌ６７１人のうち１５６人が「差別を受けたことがある」と回答した。

萱野が生きていれば現状をどう見るだろう。「もっと知恵を出せ、と言うんじゃないか。権利の議論が深まらない状況も生前と変わっていない」

父の遺志を受け継ぐため、志朗は12年にアイヌ民族党を結成。衆院選に候補者１人を擁立するが落選した。アイヌは何度も国政に挑戦しているものの、萱野のほかには選出されていない。「人口の少ないアイヌが国政に声を届けるのは難しい。少数民族に特別枠の議席を設ける方法を考えてもいいのではないか」

結党をきっかけに、ニュージーランドの先住民族マオリの国会議員と交流が生まれた。英国の植民地時代から迫害を受けてきたマオリも権利回復運動を展開。ニュージーランドの公用語にマオリ語も加わった。

マオリの議員から運動の歴史を聞いた志朗は「諦めるなと応援された思いだ。50年、１００年後にアイヌも結果を出せる可能性があり、活動を続けなければならない」と決意を新たにした。＝

２０１８年８月25日

（メモ）先住民巡る動き活発化

先住民族の権利回復の動きや、独自の文化に理解を深める取り組みは日本国内外で活発化している。２００７年の国連総会では、先住民族の自決権や文化的伝統を実践する権利、土地に対する権利などを広く認めた「先住民の権利に関する宣言」が、日本も賛成して採択された。

国内では北海道・洞爺湖サミットを控えた08年、アイヌを先住民族と認めるよう政府に求める衆参両院の決議と、これを受けた官房長官談話が出た。北海道白老町では現在、アイヌ文化復興施設「民族共生象徴空間」の建設が進み、政府は20年の東京五輪・パラリンピックに合わせてオープンを目指している。

「格差社会」DV、虐待被害者を支援

「社会への怒り」原点に　貧困、高齢者置き去り

文・遠藤一弥
写真・堀　誠

「みおさん、助けて。3日間何も食べてない姉妹がいるの。食べる物をいただけないかしら」

金曜日の夕方、スクールソーシャルワーカーから「フードバンクかわさき」に切羽詰まった声の電話が入った。高橋実生《たかはし・みお》(47)がすっと立ち上がり、「若い子ならボリュームのあるものがいいわよね。野菜もとらなきゃ」とつぶやきながら、子どもに届ける荷物をテキパキと作り始める。

餓死と生活苦からの自殺をなくしたい—。そんな願いでフードバンクを運営する。ドメスティックバイオレンス（DV）や児童虐待の被害者「サバイバー」を支援する高橋は、自身も夫からのDV被害者として凄絶《せいぜつ》な経験をした。サバイバーという言葉には「生き抜きたい」という自らの思いが込められている。

2004（平成16）年のDV防止法の第1次改正に先立ち参院議員会館で行われた意見交換会に何度も出席、被害当事者として自らの経験を赤裸々に述べ、改正に関わった。

名前を変えて

生活費すら渡されない経済的暴力、親や友人との付き合いを許されない社会的暴力、そして性的暴力。30歳

の時、３歳の長女と９カ月の長男を連れ、家を出た。過去２回は見つかってしまい３回目の家出だ。「生まれ変わる」思いで氏名変更の手続きをし所在を隠した。

友人に「お子さんの様子が変だけど、あなた、家で何か？」と言われたのが、ＤＶ被害の当事者だと自ら認識するきっかけだった。それまでは家庭ってこんなものかと思い、いつも自分が悪いと思っていた。専門医に「私はなぜいつも人を怒らせてしまうのでしょう」と相談したこともある。

「３回目の家出でようやく成功したの」と笑うが、夫から逃れるため仕事を辞め、体調を崩し、幼子２人を抱えた生活苦。「ＤＶ防止法は『逃げろ』というけど、逃げた後のことは何も面倒を見てくれない」。サバイバーの生活は続いた。

高橋は「お金持ちは豊かになる一方で、福祉が切り捨てられ高齢者や貧しい人が置き去りにされ、格差が広がった時代」と「平成」を振り返る。

「体の調子はどう？」。食品や日用品を配達しながら、最近の様子を聞く高橋実生。電話もなくフードバンクの食品だけが頼りだという人も多い＝川崎市

はじめのいっぽ

役所に生活保護の申請に行った時のことだ。「いま財布にいくらある？」から始まっ

て、生まれてからの履歴を細かく問いただされ「丸裸にされるような屈辱感だった」。同様の経験をした人は多く「ここまで落ちたのかと惨めな思いにさせられた」と一様に悔しさを吐露する。

意見交換会に出席していた時のことだ。役所から「国会に行く時間があるなら働きなさい」「経費の掛かる仕事はやめ、子どもの保育園もやめさせて家にいなさい」と勧告された。そのまま意見交換会に出席し、仕事を続けていたら「指導に従わない」として保護打ち切りに。「死ねってことですか?」と抗議したら、薄笑いを浮かべた係員に「そうは言っていませんけどね」と言われた。

親族に「必要ない」「もっと頑張れ」などと言われ、申請を断念する人も少なくない。高橋は「生活保護は恥という意識が根強い」と指摘する。

02年、胆のう摘出手術で入院中にホームページ「みおのはじめのいっぽ」を立ち上げ、DV、離婚調停や生活保護の手続きなどをつづった。退院後、サバイバーを支援する非営利一般社団法人「ファースト・ステップ」を設立すると全国から大きな反響があった。

日本の生活保護の捕捉率は15~18%。保護を受けられるのに受けられない生活保護未満の人たちをどうするのか。制度があってもそこから漏れている人が多い。「セーフティーネットがセーフティーネットたり得ていない。そんな怒りが原動力なの」と口調を強める。

死に方教えて

高橋は13年、ファースト・ステップを母体にフードバンクかわさきを立ち上げた。食料の無駄を削減して、それが生死のはざまにいる人の力になれればと思ったからだ。

医師やソーシャルワーカー、いのちの電話と連携する。「死に方を教えて」で始まる電話が多いのには驚いた。「死のうと思った」という電話を受けて深夜に駆け付け、間に合ったこともあるが、餓死や自死に至った人も。親に売春させられ映像を売られた女の子もいた。「相談する気力すらなくしてしまった人たちをどう支えるのか」、常に自分に問いかける。横浜市と川崎市を中心に約80世帯、10～90代の約２００人に食料や日用品を届ける。電気、ガスが止められた家には寝袋や卓上こんろ、カイロを持っていく。「待っていてくれる人がいるから」夜中になっても届ける。

数え切れないほど入院した。学生時代には腫瘍で左卵巣を摘出し大学を中退。今はＤＶの後遺症、解離性障害で複数の薬を欠かせない毎日だ。

そんなにしてまでなぜサバイバー支援を？

「私が死にそうな時に助けてくれた人たちがいた。だから今は私が」。高橋は暗くなった街を次の配達先に車を走らせた。＝２０１８年12月1日

（メモ）フードバンク
日本のフードロスは２０１７年の農林水産省の推計で約６４６万トン。この無駄を減らし飢餓撲滅に役立てるフードバンクは、農水省ホームページに約70団体が掲載されているが、登録制ではないため、実際には全国で100以上とされる。

「フードバンクかわさき」は個人や企業から寄せられた食品や日用品を一品一品記録して在庫管理、約40人のボランティアが要望に応じて各戸に分配し配達する。多くのフードバンクは養護施設など「団体」を対象とし、個人は含まれない。ＤＶや虐待被害者、高齢者の「生活保護未満の個人」を支援対象とする「かわさき」は格差拡大の時代に貴重な存在だ。

「シベリア抑留者の救済」長い運動の末、一時金支給

「奴隷ではなく人間」真相究明を国に託す

文・松島芳彦
写真・堀　誠

その日はシベリア抑留者にとって、戦後で一番長い日となった。

２０１０（平成22）年６月16日。抑留期間に応じて25万～１５０万円の一時金を支給するシベリア特別措置法案が午前９時すぎ、衆院総務委員会で可決され、本会議に送られた。参院は通過しており、成立まであと一歩だ。元抑留者で組織するシベリア立法推進会議代表の平塚光雄《ひらつか・みつお》（故人）らは、その時を最終日の国会で待ち受けた。

15分後、自民党が民主党内閣への不信任案を提出、審議を全て拒否した。郵政民営化見直しなどを巡り、荒れに荒れた国会。何年も審議未了や与党の否決で何度も葬られてきた法案だ。「またか」という不安が平塚らの頭をよぎった。午後６時20分。野党欠席の本会議でようやく成立した。元抑留者たちは涙をぬぐったり、顔を紅潮させたりして、その瞬間に身をゆだねた。最後の引き揚げ船が京都府の舞鶴に入港して、54年近い歳月が流れていた。

風穴あける

旧ソ連やモンゴルの抑留犠牲者を追悼する集いで献花する有光健。出席する抑留者は少なくなったが、真相究明と継承は国の義務だ＝東京都千代田区の千鳥ヶ淵戦没者墓苑

戦争と成長の昭和が終わり、平成は癒やしの時代になった。元抑留者も補償に魂の救済を求め、ようやく声が届いた。

市民団体「戦後補償ネットワーク」世話人代表の有光健《ありみつ・けん》（67）は、平均年齢80代半ばの元抑留者を支えた陰の立役者だ。長く戦後補償運動にかかわり、従軍慰安婦や植民地出身のＢＣ級戦犯を救済する立法運動に取り組んできた。「奴隷ではなく人間として命を全うしたい」という元抑留者の叫びに心を動かされ、立法運動に心血を注ぐようになった。

法案成立を報告する記者会見では、肺を病む平塚に代わり、有光が声明を読み上げた。普段は沈着だが「余りに長い年月と道のりでした」のくだりで声を詰まらせた。「戦後処理は終わった」との建前を崩さない政府を相手に、ようやく風穴をあけた感慨があった。

そもそも戦後処理とは何か？　政府の諮問機

関である戦後処理問題懇談会は、1984年の答申で「戦争損害を国民の納得を得られる程度において公平化する」と定義。抑留を「それぞれの立場で受け止めねばならなかった戦争損害の一種」として、補償を否定した。答申を受けて政府が決めたのが、旅行券など「慰労品」と「内閣総理大臣交付状」の贈呈だ。2007年の交付状には首相も受取人も名がなく、「ご労苦に対し心から慰謝の念を表します」との言葉だけ。立法推進会議は「抑留者をばかにした対応」との声明を発表して受け取りを拒否した。

官僚の抵抗

自民党から民主党へ政権交代の潮流が強まっていた。有光らは民主党議員らに「抑留は戦争が終わった後に起きた特別な出来事。壮大な拉致」であると説いた。他の戦争被害と「公平化」はできないし、品物による「慰労」ではなく金銭による「特別措置」が必要だと説いた。「高齢者が直接働きかけたので熱意が伝わった」と有光。民主党にシベリア議連ができた。自民党にも理解者が増えた。

09年に民主党政権が成立。首相の鳩山由紀夫《はとやま・ゆきお》（71）は抑留者救済に前向きだ。千載一遇の好機が訪れた。官僚が最後の障害となった。シベリア議連会長だった円より子《まどか》（71）が振り返る。「総務省の高官が来たのは、いよいよ法案提出という時。法案には特別給付金の支払いと、国による抑留の真相究明という2本柱があったが、真相究明の削除を求められた」

カネは払って終わりだが、真相究明は半永久的に予算を食う。高官はそう説明した。「私は断固拒否した。悲劇の真実を歴史に残し、平和の教訓とするところに法案の未来志向があったから」

円は官房長官の平野博文《ひらの・ひろふみ》（69）に「官邸前で高齢の抑留者がハンストするわよ」とすごんだ。官僚はようやく沈黙した。

追悼式典

抑留者は帰国後も困難な道を歩んだ。共産主義に染まったのではないかと疑われた。佐賀県伊万里市で一部の抑留者が初めて補償を国会議員に陳情したのは、日本が高度成長期から安定成長期へ差し掛かった１９７４年だった。「収容所体験は思い出したくなかったし、人にも話せないほどつらかったためだ」。元抑留者で経済企画庁長官などを務めた相沢英之《あいざわ・ひでゆき》（99）が沈黙の理由を語る。

生還した抑留者約47万３千人（厚生労働省推定）のうち、一時金を受け取れたのは約６万９千人にすぎない。

２０１８年８月23日、東京の千鳥ケ淵戦没者墓苑。せみ時雨を浴びながら、汗まみれになって椅子を並べる有光の姿があった。歴史を継承するために、元抑留者と相談して始めた追悼式典も既に16回を数える。「生存者はもう１万人を切ったのでは」。17年、あいさつに立った元抑留者が、ことしはもういない。代わりに２世、３世の姿が目立つ。「真相究明と継承を国の義務と定めたシベリア特措法は、これからも意味を失わない」＝２０１８年９月22日

（メモ）帰らぬ遺骨

旧ソ連圏に抑留されて死亡した日本人は、厚生労働省の試算によると、約５万５千人だが、これまでに収集された遺骨は約２万柱にすぎない。

南方地域の遺骨収集は昭和の時代に始まった。旧ソ連で可能になったのは平成になってからだ。ロシア側の協力は決して十分とは言えない。だが日本で戦没者の遺骨収集に関して「国の責務」を定める法律ができたのも２０１６年のことだ。

17年度は２０９柱を収集した。このペースでは、残る約３万５千柱の収集を終えるまでに百数十年かかる。

有光健（67）らは自衛隊法を改正して、自衛隊を遺骨収集に活用するべきだと提案している。

「日本初の性別適合手術」手に入れた「本当の自分」

性同一性障害の苦しみ　偏見に挑んだ執刀医

文・半沢隆実
写真・堀　誠

短く刈り込んだ髪、柔和なまなざしが印象的な中原圭一《なかはら・けいいち》（仮名）は、30歳で女の体を捨てた。１９９８（平成10）年10月16日、埼玉県川越市の埼玉医大総合医療センターで性別適合手術を受けたのだ。

「手術が終わった時はすごい解放感。自分の体にあった嫌なモノがなくなった気分でした」

幼い頃の自殺衝動を乗り越え、自ら声帯をつぶした彼が、ようやく手に入れた「本当の自分」だった。

原科孝雄《はらしな・たかお》（78）を中心とした医師団は、中原の乳房や子宮などを摘出、男性器形成に必要な尿道を延ばした。日本で長くタブー視されていた性別適合手術が、正当な医療として実施されたのは、この日が初めてだ。

勤務する建築会社がある東北地方の街。取材に応じた中原は低く落ち着いた声で、苦難の半生を語り始めた……。

声帯をつぶす

中原が自分の性別に違和感を覚えたのは、保育園に通っていた頃。プール遊びで自分にだけ男性器がないことが「変だな」と感じた。「そのうち生えてくる」と信じたが、体には女性としての変化が起きる。小学校では赤いランドセルが嫌で背負わずに引きずって帰宅、女子の服装をしないことなどでいじめに遭い「何度か下校途中に車に飛び込もうと思った」ほど追い詰められた。

中学2年では女性的な声が嫌で、自己流の〝手術〟に走る。ハスキーボイス欲しさに声帯をつぶしたロック歌手の話を知り、焼き鳥用の金串を喉に刺した。鏡を見ながら何度も声帯をひっかく。痛みと出血を代償に、低い声を手に入れた。

地元の工業高校を卒業後、ガソリン販売会社に就職したが、スカート着用の受付係に配属され、入社日に退職した。性同一性障害が知られていない時代。膨らむ違和感を抱え、職を転々としていた21歳の時、性転換した人物に初めて出会う。「手術で体を（自分の精神的な性別に）戻すことが可能なんだ」と知った。

当時の日本は性同一性障害を黙殺していた。「それじゃいかんという反骨精神が湧いた」と振り返る原科孝雄＝東京都世田谷区

その人物は行きつけのバー経営者で、女性への適合手術を受けた。中原は彼女のアドバイスを受けながら、性別適合手術について調べた。海外の学術書にも目を通した上で、手術を決意、国内各地の病院に電話をかけまくった。だが、すげなく断られてばかり。

そんな中でたどり着いたのが、埼玉医大の原科だった。

「奇跡」の医師

原科は慶応大医学部助教授だった85年、交通事故で男性器を失った患者の皮膚や軟骨を使った性器再生手術に成功していた。一時は自殺も考えた男性は順調に回復、性行為も可能となり、子どもも生まれた。このエピソードが92年に大きく報じられ、バー経営者に見せられた週刊誌の特集記事を読んだ中原は、原科に電話する。

当時「奇跡の性器再生」と注目を集めた原科も、性転換については「(性的少数者が集まる)新宿2丁目の話程度の認識だったという。92年7月、埼玉医大を訪れた中原の体験談に原科は驚愕《きょうがく》した。「声を変えるために金串を刺す。そこまで苦しむのか」

性同一性障害の人々と膝詰めで勉強会を重ね、欧米に比べて大きく遅れている日本の実態に憤りを感じた原科は決める。

「私がやってやろう」

性という大切な人権問題でありながら、偏見もあり、誰も手を出さない医学界への反発もあった。批判覚悟で埼玉医大の倫理委員会に申請し、委員会は98年5月に手術承認した。

報道陣が詰め掛ける中で実施された手術は、懸念された合併症もなく成功した。顕微鏡を使った手術、マイクロサージャリー分野の第一人者で、当時59歳だった原科の面目躍如の場となった。

障害のある人々が闇手術に身を任せてきた時代に終止符が打たれた。

戸籍も変える

手術から約20年、中原は今、さらに「本当の自分」になろうとしている。戸籍の性別変更だ。中原自身が嚆矢《こうし》となり、性同一性障害に対する理解が広がり、変更は以前よりは容易になった。

共に悩み苦しんできた母親が手術から間もなく認知症になり、中原は介護と仕事に没頭して10年以上を過ごした。そして２０１１年３月11日、東日本大震災が起きる。集合住宅に住む母親は無事だったが、中原は自分自身がいかに不安定な境遇であるかを痛感した。

「それまで戸籍や住民票を見せるのが嫌で、勤務先の建築会社もパートの身分だった。資格取得も難しかった。震災で死ぬかも知れない経験をして、そんな状況を変えたいと思った」

平成が終わる頃には、戸籍上も本当の自分になっているはずの中原に「人生の第3幕、待ち遠しいですね」と聞くと「長い年月待ったので、多少時間はかかってもいいかな」と、整ったひげの口元を緩め穏やかに笑った。＝２０１８年４月７日

【編注】中原圭一は手術当時に発表された仮名です。

（メモ）「暗黒時代」終わる

心と体の性が一致しない性同一性障害。体に違和感があり、性器を自分で傷つけるなど極端な行為も報告されている。原因は解明されていない。

埼玉医大で最初の性別適合手術が行われる以前は、技術や施設が不十分な国内外の医療機関で手術を受け、後遺症が出るケースもあった。問題に取り組む支援者らはそうした実情を「暗黒時代」と呼んでいた。

性別適合手術以降、社会的認知が広がり、２００４年施行の性同一性障害特例法では、家庭裁判所に請求し、戸籍の性別変更も可能となった。「日本性同一性障害と共に生きる人々の会」によると、これまでに約７８００人が戸籍変更した。

第 4 章　iPS 細胞の誕生

「iPS細胞の誕生」「残り物」から世紀の発見

リスク恐れず実験に挑む　永遠の師匠と一番弟子

文・村川実由紀
写真・鍋島明子

世紀の発見は「残り物」から生まれた。

2005（平成17）年夏ごろ、京都大の実験室で高橋和利《たかはし・かずとし》（40）は24種類の遺伝子を含んだ液による実験に没頭していた。マウスの皮膚細胞が入った別々の皿に、遺伝子を1種類ずつ加える作業。液も細胞も少し余ったので「全部入れておこうか」と、一つの皿に全種類を投入した。

1週間ほどたつと、最後の皿の細胞だけが、さまざまな細胞に変化できる能力がある状態に「初期化」されていた。「それらしい細胞ができたから見に来てください」。教授山中伸弥（55）の部屋に駆け込む。「コンタミ（別の細胞の混入）じゃないのか」と山中は疑ったが、何度実験しても結果は同じだった。

これまでにない新しい細胞ができた。山中はiPS細胞（人工多能性幹細胞）と名付ける。流行していた携帯音楽プレーヤーのiPod（アイポッド）をヒントにした。

滑り込む

広島市で生まれ育った高橋は、同志社大工学部に進学した。粉や微粒子を扱う研究をしていたが、生物

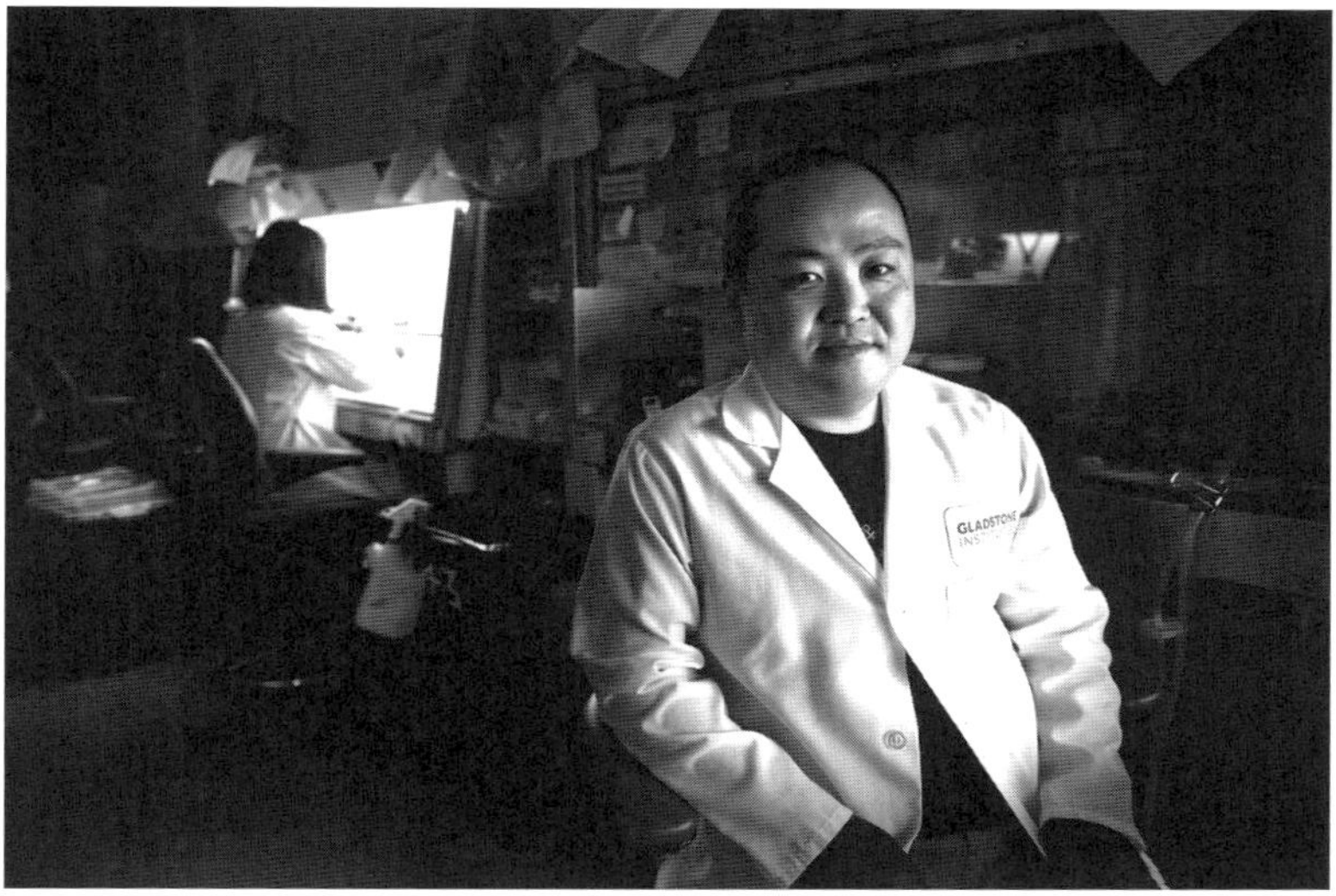

グラッドストーン研究所で今取り組んでいるのは山中が約 20 年前に見つけた遺伝子の研究。「俺からやりたいと言った」と高橋和利＝米サンフランシスコ

に興味を抱くようになる。大学院での研究分野変更を担当教員に相談。奈良先端科学技術大学院大を紹介された。

合格後、研究室のガイダンスがあった。「いったん心臓などに変化した細胞を元の状態に初期化し、別の細胞にする」。助教授だった山中が熱く語った。「実現すれば、再生医療に活用して素晴らしいことが起こる」

山中の話に魅了されたが、研究室の配属は入試の成績が反映される。研究室の定員は3人。高橋は希望者16人のうち9番目の成績だった。「無理だからやめなさい」。大学側から志望変更を打診されたが、「入れる可能性があるなら最後まで第1志望にする」と言い切った。幸運にも他の学生が次々と抜けて、最後の一枠に滑り込んだ。リスクを恐れない姿勢は山中を感動させ、後の研究にも生きることになる。

引っ越し機に

高橋は細胞生物学を全く知らず、器具の使い方から教わった。目的を理解していないので、大切な試料を捨てるミスをした。実験ノートの記述が不十分だと赤ペンで訂正されることもあった。「先生からしょっちゅう怒鳴られた」と振り返る。それでも研究にのめり込み、楽しい日々だった。

山中のもとに京大再生医科学研究所への移籍話が舞い込み、04年、研究室ごと引っ越した。同じ頃、高橋は大きな仕事を任される。集めていた遺伝子をマウスの皮膚細胞に入れ、細胞が初期化するか否か確かめる実験の担当者になったのだ。

引っ越しの際、高橋は遺伝子が入った容器をリスト化し、番号を振って箱に並べていった。実験では24番目まで使ったが、この選択が成功につながるとは夢にも思わなかった。

経験豊富な研究者ほど失敗を恐れ、遺伝子を全部混ぜるような思い切ったことはできない。怖いもの知らずだったことが幸いしたと言える。

ｉＰＳ細胞を作製してから24種類のどれが細胞の初期化に必要なのか調べるため実験を重ね、4種類の遺伝子に絞り込んだ。後に「山中因子」と呼ばれるものだ。

06年8月、2人が著者となったマウスの論文が米科学誌セルに掲載される。07年11月には同誌に人の皮膚の細胞からｉＰＳ細胞を作製することに成功したと発表した。

広告塔になる

発表は大反響を呼び、10年4月に京大はｉＰＳ細胞研究所を設立。山中は所長に就任した。高橋もｉＰ

S研で研究室を持つようになり、２人の距離感は微妙に変わった。

ある日、山中が「僕はこれから広告塔になる」と言った。再生医療や創薬への応用には研究推進や施設の充実が不可欠で、多額の資金援助が必要。ｉＰＳ細胞を知ってもらうため自らＰＲに努めるという宣言だった。

「これは、研究者にとっては難しいこと」と高橋は言う。「一番弟子の自分に打ち明けてくれたのが印象に残っている」

12年に山中はノーベル医学生理学賞を受賞し、高橋は「最高の功労者」としてスウェーデン・ストックホルムでの授賞式に山中から招待された。

世間から注目されるようになったが、雑務が増え、研究を楽しめなくなった。「もう一度、自分で実験がしたい」と望み、山中が籍を置く米国サンフランシスコのグラッドストーン研究所に移った。現在はｉＰＳ細胞とは別テーマの研究をしている。

史上に残る研究に貢献したが、自ら成し遂げたという感覚はない。「みんなのｉＰＳ細胞になってしまった」。過去の成果は自分の手から離れてしまったと感じている。

山中のような表舞台に立つ生き方は向いていないと確信してい

（メモ）応用の未来

ｉＰＳ細胞（人工多能性幹細胞）は、病気やけがで失われた体の働きを人工的に補う再生医療への応用が期待されている。理化学研究所のチームは網膜の細胞を目の病気の患者に移植する臨床研究を実施。心筋シートを用いた重症心不全患者の治療やパーキンソン病患者の治療計画も進む。

再生医療には大量の細胞が必要なため、京都大ｉＰＳ細胞研究所では、あらかじめ拒絶反応が起こりにくいｉＰＳ細胞を作って備蓄し、必要な時に素早く提供するストック事業をしている。

一方、創薬分野でも活用されており、京大で骨の難病の治療薬候補の発見にも使われ、臨床試験（治験）につながった。

る。「研究以外の仕事だと、いかにサボるか考えてしまう」と笑う。今は、月に1度渡米して来る「永遠の師匠」と2人で将来について語り合うひとときが楽しみだ。＝2018年4月21日

「がん対策基本法」亡き夫の願いが条文に

患者の会で情報発信「私は逃げない」

文・山岡文子
写真・萩原達也

「これで、スタート地点に立てた」。２０１６（平成28）年12月９日、衆院本会議で改正がん対策基本法が可決、成立した瞬間、傍聴席の轟浩美《とどろき・ひろみ》（55）は、願いの一つがかなったと思った。

かつては存在さえ知らなかった法律。スキルス胃がんで４カ月前、54歳で逝った夫哲也《てつや》や患者仲間らの要望が反映され「治癒が特に難しいがんの研究を進める」という内容の条文が加わったのだ。

目が覚める

哲也は12年12月、東京・渋谷区のがん検診後の精密検査で「慢性胃炎」と診断された。内視鏡検査も受けたが、医師は「重い病気ではないから安心していい」と言った。

だが、食欲は日に日に落ちる。セカンドオピニオンを求め、別の病院を訪ねたが、答えはやはり「心配ない」。その１年後、スキルス胃がんに侵されていることが分かった。医師は「余命は数カ月単位」と宣告。自宅近くの総合病院で、すぐに抗がん剤治療を始めた。

後に新しい治療の効果を調べる臨床試験の存在を知ったが、抗がん剤治療を受けた患者は対象外だった。

医師は教えてくれず、自分たちで調べる方法も知らなかった。

「精密検査の結果を信じてしまった」と浩美は後悔する。「最適の病院や治療の選択肢も自分たちで調べなかった」

民間療法にのめり込んだことも悔やむ。哲也は効果がないと知りながら「あなたの気がすむなら」と浩美の出すサプリメントやジュースを飲んだ。「夫が栄養失調になって目が覚めた。好きなものを食べてもらうことこそ、大切だったのに……」

希望の会

情報はあふれていても、必要なものにたどり着けない。「スキルス胃がん」を本で調べても、胃がんの項目の最後に「早期発見が難しい」「予後が悪い」と簡単に触れているだけ。「がんが消えた」「がんに効く食べ物」など、根拠のない情報もインターネット上を飛び交う。哲也は「こんなの、おかしい」と怒った。

スキルス胃がんは、胃がん全体の約1割。進行した状態で見つかることが多く、転移していれば治すのは困難だ。

哲也は抗がん剤治療による吐き気や手足のしびれに苦しんだが、最善を尽くそうとした。「多くの人にスキルス胃がんのことを知ってもらい、患者仲間と正しい情報を共有したい」と考え「希望の会」という患者会を結成。医療従事者用のガイドラインや専門書を開き、冊子を作るため原稿を書き始めた。

浩美は資料を集め、講演活動に同行。哲也に付いていくことが自分の使命だと信じた。

哲也の高校時代の同級生たちは「法人化を目指そう」と手続きを助け、活動に賛同した各地の専門医は、

轟浩美（左端）は東京・代々木のクリニックで週1回、受付として働く。この日は休み時間中に、幼稚園の先生だった頃の教え子たちが赤ちゃん連れで遊びに来てくれた

無償で哲也の原稿をチェックした。

冊子は全国のがん診療連携拠点病院に配布。患者からの問い合わせで携帯電話が鳴り続けた。離島から電話してきた人もいる。「情報を求めているのは私たちだけじゃない」と浩美は思った。患者の視点に立った基本法への改正を目指し、患者仲間や浩美らは政府や国会議員に働き掛けた。

議員会館のロビーや厚生労働省の入り口に集合。浩美は、患者団体の代表らに付いて行き、議員から名刺をもらえば必ずメールを送った。その努力は報われる。法案を可決する日の前夜には、与党議員から「本会議にぜひ来てほしい」とメールが来た。

多くの課題

幼稚園の先生だった浩美をサポートしようと哲也は在宅の仕事を始め、2人の子どもの面倒もみた。哲也にがんが見つかってからは、入院や検査に付き添うため浩美は休みを取ったが、仕事は続けた。だが、同僚から「夫の看病に専念しないのは冷たい」と言われ、退職に追い込まれる。

哲也の死後、会の理事長を引き継いだ浩美は、ブログに書き込まれたコメントに傷ついた。「遺族が患者会を率いるのはおかしい」「頑張っても死んだら終わり」。読むうちに、緊張の糸がぷつんと切れた気がした。そんな時、知り合いの医師に誘われて東京・代々木のクリニックで働き始める。受付として働きながら、お年寄りや幼児を連れた母親と言葉を交わす時間はゆったりと流れ、つらい気持ちを和らげてくれた。「全ての扉が目の前で閉じた気がしたこともあったが、必ず新しい扉が開きました」

その扉の一つは、浩美が政府のがん対策推進基本計画の作成に向けて議論する「がん対策推進協議会」の委員に選ばれたことだ。医師や研究者と同じ立場で、意見を求められる。改正基本法には「がん患者が尊厳を保ち安心して暮らせる社会の構築を目指す」と明記された。早期発見や治療・研究、緩和ケア……。課題はいくらでもある。

「全部投げ出したい」と何度も思った。「でも私は逃げないと決めました」。亡き夫、哲也と仲間のためにも。＝2018年3月23日

（メモ）がんと共生する時代

がん対策基本法は、全国どこでも、がんを早期に発見して同じ水準の治療を受けられるようにすることを目指し、2007年4月に施行された。

日本では2人に1人ががんにかかり、3人に1人が、がんで亡くなる。一方、医療の進歩で、がん患者の5年生存率は6割を超え、多くの人が治療しながら、社会生活を営む時代になった。

改正基本法は、がんになっても働き続けられるよう配慮することを事業主の努力義務とした。

また、根拠のない情報に振り回されたり、患者や家族が差別を受けたりしないよう、学校や職場などで、がんに関する正しい情報を伝える対策を進めることも明記した。

「若年性認知症」診断後も仕事続ける

職場の「良き協力者」　体験語り、希望抱く

文・山岡文子
写真・萩原達也

車椅子の女性の隣に座ったオサム（44）は、お茶の入ったカップをそっと口元に近づけた。女性は顔をそむける。スプーンでご飯を持っていっても駄目。キウイにすると、ようやく食べ始めた。

宮城県名取市のグループホーム「うらやす」で働くオサム。２０１６（平成28）年10月、若年性認知症と診断されたが、「介護の仕事を続けたい」という気持ちは揺るがなかった。

物忘れ

宮城県の別の介護施設で約10年働き、介護福祉士の資格も取った。いつの頃からか、物忘れのひどさを同僚に指摘されるようになる。「さっき言ったこと、覚えてる?」「しっかりして!」本人の記憶にはない。「身に覚えのないことで、毎日批判されるのはつらかった」。職場に居づらくなり、15年８月、退職に追い込まれた。

心機一転して２カ月後、「うらやす」の採用面接を受ける。施設長の佐々木《ささき》恵子《けいこ》（54）には「物忘れがひどくなったので、前の職場を辞めた」と正直に話した。

新たな仕事が始まると、同じことが起きた。申し送りを書く時、漢字を思い出せない。何度もスマートフォンに手が伸びた。「サボっているとしか見えない」と同僚の視線が気になり、仕事に集中できなくなった。

「持ち場を勝手に離れる」「仕事の手順を覚えられない」。スタッフから苦情を寄せられた佐々木は、地域支援担当の佐藤好美《さとう・よしみ》（58）に「何が起きているか確認してほしい」と頼んだ。

オサムにぴったりと付き添った佐藤は「勤務態度は真面目なのに、話し掛けても聞いているのかどうか分からなかった」と振り返る。監視されるような形になったオサムは、独り言が増えた。入所者にいら立ちをぶつけ始めたので介護業務からも外され、仕事は車椅子の整備や掃除が中心になった。

相談会

「一緒に『おれんじドア』へ行こう」。佐々木はある日、半ば強引にオサムを連れ出した。

「おれんじドア」は、仙台市の東北福祉大で定期的に開かれる認知症の人を対象にした相談会だ。39歳で認知症と診断された丹野智文《たんの・ともふみ》（44）が「当事者だからこそ分かる苦しみを一緒に乗り越えたい」と始めた。佐々木は、医療や介護の専門職による実行委員の一員だった。

おれんじドアで、オサムは委員でもある現在の主治医と出会う。「物忘れ外来」に通い、大学病院に1カ月間検査入院した結果、若年性認知症と分かった。病名を聞き「どう受け止めればいいのか」と戸惑った。

新しいことを覚えるのは苦手だ。手順を記憶するのが難しいため入浴介助や夜勤はしない。時間に追われると焦ってパニックになるが、食事介助では自然に体が動いた。

施設内を歩き回る入所者がいれば掃除の手を止め、並んで歩き始める。ぽつぽつと世間話をしながら一

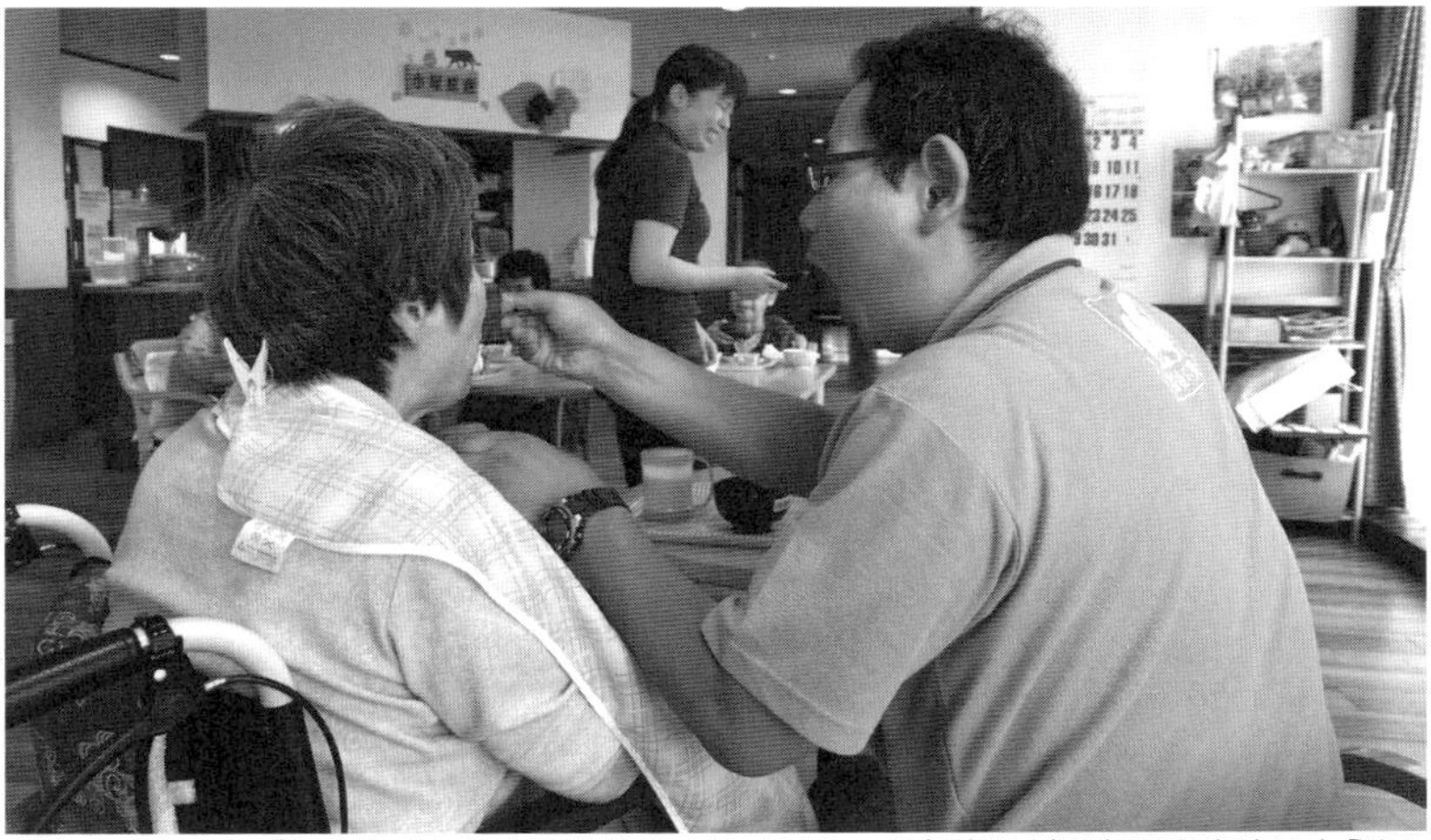

グループホーム「うらやす」で食事介助をするオサム。お年寄りが口を開きやすいように、自分の口も大きく開ける。全部食べてくれると思わず笑顔になる

緒に引き返す。

オサムは「入浴介助や夜勤ができないのは歯がゆい」と話すが、お年寄りから「お兄ちゃん」と呼ばれて親しまれることが、介護職員としてのレベルの高さを証明する。「認知症の人が介護の仕事なんて無理だと思い込んでいた。私の方が教わることが多い」と佐藤は話す。

佐々木は、仕事を辞めて社会とのつながりが切れてしまうことを心配した。「元々優秀な人材。本人が望むなら、このまま働いてもらいたい」

山登り

オサムは毎週木曜日、若年性認知症の人が集まる会に参加する。語り合うと安心できる。認知症ではない人も交えた合唱のレッスンやバドミントンも楽しい。佐藤が「パートナー」として同行する。ちょっとした手助けはするが、立場は対等だ。

佐々木や佐藤のことを「良き協力者」と言う。２人のおかげで、１人ではできないことをやり、行けない場所

に行けるようになった。

「ここで働き続けるのなら、みんなに病気のことを話した方がいい」と佐藤に背中を押され、17年7月、「うらやす」のロビーに集まった同僚らに打ち明けた。「僕は認知症です」。同僚の一人は「自分は認知症の人をケアしているのに、認知症を理解していなかった」と言った。

医療関係団体や自治体から講演を依頼され、体験を語る機会が増えた。手書きは難しいが、パソコンを使うと自分の思いを原稿に表現できる。

18年6月には、仙台市の泉ケ岳に若年認知症仲間らと登った。オサムが「山登りをしたい」という思いを皆に伝えたのがきっかけだ。頂上には着けなかったが、希望は実現した。

鍵や電車の切符を捜し回り、自転車で走るうちに道に迷うこともある。「でも、最初から諦めなくていい。できるところまで挑戦すればいいんだ」。仲間と「いつか富士山に登ろう」と話している。＝2018年10月20日
【編注】オサム氏は氏名を公表していないが、名前（読み）は名乗りたいとの希望があり「オサム」の表記にしています

（メモ）働き盛りの苦悩

65歳未満で発症するのが若年性認知症。2009年の厚生労働省研究班の推計では、全国に約3万8千人いる。平均の発症年齢は51・3歳。まさに働き盛りだ。

65歳以上の認知症の人は12年時点で約462万人。若年性認知症の人は大幅に少ないが、若年ならではの苦悩がある。

複数の作業を同時にこなせなかったり、約束事や連絡事項を記憶できなかったりするため、職場で問題になることが多い。退職に追い込まれると、住宅ローンの支払いや子どもの教育費負担などで経済的に困窮する。

初期症状は、うつ病や更年期症状と間違われやすく、診断に時間がかかるのも特徴だ。

「東京スカイツリー」地震で必要性を痛感

交渉打開へ単独行動も　難視聴対策に悩む

文・原　真
写真・藤井保政

隅田川に近い東京都墨田区の押上《おしあげ》地区。狭い路地裏に、古い木造住宅が密集する。典型的な下町だ。角を曲がり、視界が開けた途端、高さ６３４メートルの東京スカイツリーが目に飛び込んでくる。２０１２（平成24）年5月に開業した。「不思議な風景ですよね。面白い。これができるまでは、何もない所でした」。地元出身の根岸豊明《ねぎし・とよあき》（60）が笑う。

現在、札幌テレビ社長を務める根岸は、日本テレビ幹部としてスカイツリー計画に深く関わった。

半信半疑

03年、三大都市圏で地上テレビのデジタル放送がスタート。五つの民放キー局とＮＨＫで新しい電波塔について検討する「新タワー推進プロジェクト」も本格化した。「でも、雲をつかむような話で、みんな半信半疑だった」。根岸が振り返る。

新タワー計画は既に１９９０年代から浮上していた。都心に超高層ビルが立ち並び、港区芝公園にある高さ３３３メートルの東京タワーから発信されるテレビ電波が、遮られるようになったからだ。アナログ放送なら画面がぼやけるだけだが、デジタルだと全く映らなくなってしまう。対策は不可欠だった。

プロジェクトでは東京タワーのかさ上げも議論したが、羽田空港発着の飛行機の邪魔になるため、法令で認められない。そこで、新タワーの候補地を公募した。

東京の池袋、隅田公園、さいたま新都心……。15カ所が手を挙げる中、押上の貨物駅跡地に注目が集まる。東武鉄道という公益企業が事業主体で、土地も確保済み。実現性が一気に高まった。

しかし、タワーの賃貸料などを巡る放送局と東武の交渉は難航。決裂の危機が迫ったとき、押上で生まれ育った根岸が動いた。プロジェクトのメンバーに内緒で、東武の担当者を訪ね、タワーの必要性を訴えたのだ。

「腹を割って話したら、本気だと分かってもらえた。自分では抑えていたつもりだけど、ふるさとの計画をつぶしてはいけないという思いがあったんでしょうね」。その後、交渉は進展する。

ひもでくくる

受信障害から始まった新タワー計画。だが、プロジェクトを突き動かしたのは、実は大地震の恐怖だった。

フジテレビ役員としてプロジェクトの中核を担った飯島一暢《いいじま・かずのぶ》（71）には忘れられない光景がある。

東京タワー直下の施設を視察したときのこと。テレビ電波を送信する機器のすぐ横で、椅子がテーブルにひもでくくり付けてあった。建物が地震で揺れるため、機器にぶつからないようにしているという。

東京タワーの完成は58年。当時の先端技術を駆使したものの、最新の耐震テクノロジーとは比べようもない。

阪神大震災では高速道路まで倒れ、首都直下地震も想定される。「鉄骨の塔は崩壊しなくても、電波を出せなくなるかもしれない。テレビは災害時に国民の安全に関わるインフラ。守らなきゃいけない」。飯島は新タワーの必要性を痛感した。

ただ、最有力の候補地だった押上は、地盤が弱いと指摘されていた。プロジェクトは、建築の専門家らで構成する有識者会議を設置。地下30メートル以上の深く固い地層に基礎を打ち込めば、問題ないとのお墨付きを得た。

２０１１年、スカイツリーは工事中に東日本大震災に見舞われたが、被害はなかった。

レトロな住宅地の路地に一歩入ると、そびえ立つ東京スカイツリーに圧倒される。東京都墨田区押上は根岸豊明が生まれ育った地元だ

割れた見積もり

残る難問は、新たな難視聴がどれだけ生じるかだった。芝公園から押上へ、約8キロ北東に移転するのに伴い、家庭によってはアンテナの向きを変えたり、電波を増幅するブースターを調整したりする必要がある。

放送局の事情で移転するので、対策費は局が負担しなければならない。その見積もりが割れた。民放は20億〜30億円、NHKは200億円近くと主張して譲らない。

せっかく東武と交渉をまとめても、費用がかさむとなれば、各局内で反対論が強まりかねなかった。飯島は民放の見積もりを支持する。

「民放5局の売り上げは計1兆円程度。新タワーが実現しなければ、大地震で収益基盤を失う恐れがある。万一、200億円払うことになっても、おかしくないと思ったんです」

実際にスカイツリーから電波を出し始めると、民放の予想を上回る難視聴が発生。対策費は100億円を超えた。このころサンケイビル社長に転じていた飯島は「みんなから『あなたのおかげで、ひどい目に遭った』と言われた」と苦笑する。

スカイツリー開業から6年。インターネットに押され、若い世代を中心にテレビ離れが進む。高さ世界一の電波塔は平成時代の遺物になってしまうのか。根岸は否定する。

「ネットは便利だが、好みの情報しか見なくても済んでしまう。テレビは物事を多角的に提示する。民主主義を維持するには、テレビは必要です」＝2018年4月28日

（メモ）店子が大家を選ぶ

東京スカイツリーは2006年、「店子《たなこ》」の放送局が「大家」の東武鉄道を選ぶ異例の形で建設が決まった。08年に名称が決定し着工、12年に完成した。事業費は約650億円。13年に民放キー局とNHKがここから関東地方へ本放送を開始。現在はFMラジオなどの電波も発射している。

12年に終了した地デジ化は、テレビの高画質化、高機能化や電波の有効利用が狙い。鮮明なデジタルハイビジョンは新時代の到来を感じさせた。だが、双方向機能などはネット、特にスマホに後れを取った。ワンセグ放送も視聴者は少ない。アナログテレビ電波の〝跡地〟を使ったマルチメディア放送も苦戦している。

「外来生物法」果てしなきバス駆除
利益優先、生態系崩す　危機に直面する在来種

文・諏訪雄三
写真・堀　誠

琵琶湖にある赤野井漁港に2隻の舟が戻って来た。「どれぐらい取れましたか」。岸壁で待っていた滋賀県立琵琶湖博物館の学芸員中井克樹《なかい・かつき》（56）が声を掛ける。漁師たちはおけの中を指さして答えた。「ブラックバス大46匹、小105匹、ブルーギル44匹です」

彼らは県の委託を受け電気ショッカーボートを使って外来魚を定期的に駆除する。電流を水中に通し、気絶して浮き上がってきた魚を素早く網ですくう方法だ。重さは全部で70キロを超えた。肥料や飼料に利用される。

「この時期、水温が20度を超え、産卵のため岸沿いに居着いているので効率よく取れます」と中井。外来種による生態系の被害を防ぐため2005（平成17）年に外来生物法が施行され、駆除が常態化した。

感情の発露

外来種の防除を担当する県職員も兼務する中井が、琵琶湖でブラックバス（正式名オオクチバス）の調査を始めたのは1989年。「大学院生の時、アフリカの湖で親が卵、子どもを守るタイプの魚を研究してい

ました。同じ習性を持つバスが増えていると聞き潜り始めました」

琵琶湖では74年にブラックバスが初確認され、80年代には爆発的に増加した。「潜り始めてすぐ、おかしさに気付きました。在来の魚が本当にいない。外来魚だらけの状況を容認しているような空気があったんです」

バス釣りは人気を集めた。水産庁が92年、他の場所への放流を禁止する指示を出した後も、生息する湖や池は全国にどんどん広がった。博物館に勤めていた中井は「どうにも納得できず、研究者として声を上げ始めました」。データを収集し、在来魚が減り危機に直面している現状を学会やシンポジウムで発表を重ねる。漁業者らと危機を訴え続けた。

もともと生息するエビやモロコ、フナの漁獲量の急減を危惧した滋賀県も駆除を強化。２００３年４月、釣ったバスを生きたまま湖に戻す「リリース」を条例で禁止する。「せめて釣った魚は持ち帰ってほしい。釣り人も対策に貢献を、という地域感情の発露です」

政治的存在

国レベルでは04年に外来生物法が成立した。翌年６月の施行に向けて環境省が輸入や運搬、野外に放つことを禁止する「特定外来生物」の指定に乗り出す。

ブラックバスの扱いを巡っては、指定の是非を議論する異例の小グループが置かれ中井ら研究者や、日本釣振興会が参画した。研究者らと釣り人との対立が激化し、両者の妥協点を探る必要があったからだ。

当時のバス釣り人口は３００万人。プロや芸能人が釣りをする番組も数多くつくられ、一大ブームが業

水面を覆うオオバナミズキンバイを観察する中井克樹。茎や葉の一部からでも増え駆除するには大変な手間がかかる＝大津市

界を潤していた。麻生太郎《あそう・たろう》（77）が会長を務めた時期もある。現在、事務局長を務める高橋裕夫《たかはし・ひろお》（70）が語る。「釣りが禁止されては困るという危機感が業界にあった。在来生物が減った要因には環境破壊もあるのに、バスだけが悪者という論調に違和感もありました」

環境省の野生生物課長として種指定に取り組んだ名執芳博《なとり・よしひろ》（68）は「与野党の国会議員に呼ばれて『科学的な根拠が乏しい。なぜ指定するのか』などと怒鳴られました」と振り返る。バスは政治的な存在と化していた。

小グループでは指定を半年先延ばし、その間、振興会が釣り人を説得してバス防除に協力する方針がいったん固まった。だが、環境相の小池百合子《こいけ・ゆりこ》（66）が「判断はわれわれがするものだ」と即時の指定を実現させた。

指定には９万５６２０件もの反対意見が寄せられた。しかし政治判断により、ブラックバスはブルーギルなどと一緒に第１次指定に含まれ、多くの湖沼で捕獲が本格化する後ろ盾となった。

日常生活に

「電気ショッカーボートや、バスを産卵させる装置を水中に置き卵を産んだら引き上げる方法などを駆使し、宮城県の伊豆沼・内沼では在来種が戻ってきています。琵琶湖でも成果は見えつつあります」。中井は次々と見つかる新たな外来種に向き合っている。

守山市の赤野井漁港から車で約30分、大津市内にある水路に向かった。黄色の花をつけたオオバナミズキンバイが水面を覆っている。県の発注を受けた業者が、機械を使い引き抜いては舟に引き揚げていた。

「南米原産です。観賞用として輸入され屋外に出たのでしょう。茎や葉の一部からでも増えます。湖岸の群生地は専用の船や機械を使い取り除きますが、最後は人力に頼るしかありません」

目先の利益を優先した結果、繁殖力の強い種が海外から移入され生態系を破壊、在来種が危機に直面する構図。中井は「行政の事業では限界があります。外来種を抑制する営みをいかに日常生活の中にも組み込むかが最大の課題」とため息をついた。一度、侵入を許せば、果てしない闘いが続く。＝２０１８年7月21日

（メモ）遅れた外来種対策

環境省は２００２年に新・生物多様性国家戦略を策定した。この中で、生態系を脅かす「危機」として、開発による自然破壊などと並び、外来種の移入を位置付けている。これを受け05年に外来生物法が施行された。現在、適切な取り扱いが必要とされる外来種は１４８種類に上っている。

外来種の急速な生息域の拡大は、人間の活動が背景にある。日本は島国であり固有の生物が多い。これを考えれば、ペットブームなどで動植物を輸入する際、予防的な観点からチェックし制限すべきだった。近年、ヒアリやセアカゴケグモなど人に害を及ぼす種が上陸し騒がれているが、対策はあまりに遅すぎる。

第 5 章　市町村大合併

文・佐久間護
写真・藤井保政

「市町村の大合併」国策に初めての反旗

昭和の対立トラウマに　役場も議会も超緊縮

その日を境に、福島県最南端の過疎の町は全国の注目の的となった。走りだした市町村大合併という国策に、1人のカリスマの下、初めて反旗を翻したからだ。

2001（平成13）年10月31日の矢祭町《やまつり》臨時町議会。いつも閑散とした傍聴席は人であふれ、議場は異様な空気に包まれていた。町長席の根本良一《ねもと・りょういち》（80）は淡々とその時を待った。

ルビコン川

町民が固唾《かたず》をのんで見守る中、提案議員が合併を強引に推し進める政府を厳しくいさめ、用意した決議文を高らかに読み上げた。

「よって、矢祭町はいかなる市町村とも合併しないことを宣言します」

賛成の起立を求める議長。議員席の17人全員が一斉に立ち上がる。同時にどよめきと喝采が議場にあふれた。根本は自らに言い聞かせた。「とうとうルビコン川を渡っちまった」

議員提案だがシナリオライターは根本だ。町政はワンマン経営で成り立っていた。国に盾突くのを不安

「平成の大合併」が押し進められる中、「合併しない宣言」を行った福島県矢祭町。立役者は町長の根本良一だ。引退後の今も根本のカリスマ性は消えることはない

視する町民もいたが、迷いはなかった。

当時、町の人口は約7千人。高齢化率も高かった。歳入の半分以上は国からの補助金や地方交付税に頼っていた。自治体行政の効率化を掲げる「平成の大合併」が矛先を向けるのは当然だった。

しかし、辺境の地域はどこと組んでも街外れになる。過疎化が進むのは目に見えていた。「貧乏くじが明らかな合併なんかできるわけがなかった」と根本は述懐する。

背景にはトラウマもあった。矢祭町は昭和の半ばに3村が段階的に合併し発足した。その際、一部で住民の賛否が割れ、警察沙汰になるほど激しく対立。約50年を経てもしこりは残っていた。

平行線

「合併しない宣言」は、合併論議に入る自治体が全国的に急増しているさなかだった。水を差された格好の総務省から高官が撤回させようと乗り込んできた。

11月13日、町役場2階の会議室。根本と議長の石井一男《いしい・かずお》（故人）に総務省行政体制整備室長の高島茂樹《たかしま・しげき》（59）が向き合った。根本が「床が抜けるかと気をもんだ」ほど多くの町民も詰めかけた。

「地域に合う行政サービスのため合併して効率的に財政運営すべきだ」と高島。対する根本は「合併したら住民の顔が見えなくなる。説得されるつもりはない」と一歩も引かない。平行線のまま直談判は不発に終わった。

宣言以降、役場の日常は一転する。全国から電話やメール、ファクスが殺到。多くが激励だった。よその自治体や議会などの視察も根本が07年に町長を辞すまでの5年半で約８００件に上った。

「俺が一番驚いた。まさかあんな大騒ぎになるとは」。だが戸惑ってばかりもいられなかった。

市町村合併は、借金である地方債の返済を優遇する一方で、交付税の総額を減らす「アメとムチ」で進められた。拒絶した以上、ムチに身構えなければならない。

町は以前から倹約を旨としていた。木造の役場庁舎は当時で築40年。壁にしみやひびが目立っていたが、建て替え計画もなかった。テープで補修した町長室のソファが象徴的だった。そこへさらに財政削減が迫られることになった。

宣言への賛同が7割を超えた町民アンケートの結果が背中を押す。まず切り込んだのは議会だ。18人の議員定数を10人に減らし、報酬も全国で唯一、月額制から活動日だけの日当制に切り替えた。

人件費ではさらに、町長、副町長、教育長の報酬を総務課長と同額に引き下げ、収入役は空席に。農業や商工会、観光部門への補助金も絞った。

当然、反発もあった。連動して、合併拒否への批判も改めて湧き出てきた。しかし、有名になった町の高揚感も手伝って、行革は断行された。

表彰外し

03年、矢祭町は別の注目を集める。全国で一斉稼働したばかりの住民基本台帳ネットワークの接続拒否を表明したのだ。「また矢祭か」。総務省内から恨み節が漏れた。

毎年の「市町村長総務大臣表彰」は、基本的に在任20年の首長が対象だ。この年は全国で25人が該当したが、根本だけがリストから外された。

合併しない宣言から16年半。役場は根本の引退後も建て替えられることなく、修繕を重ねて使われ続けている。

しかし、人口減の波は矢祭町にも容赦なく押し寄せ、宣言時から千人以上減って6千人を割った。財政運営も楽ではない。

国とのいさかいは、根本独特のパフォーマンスだったとの声もある。改めて平成の大合併とは何だったのか聞いた。

「国家財政を好転させたい政府の思惑、その一点に尽きる。そこには政《まつりごと》の正義はなかった」と根本は言う。「相思相愛の合併は否定しないが、強制は駄目だ。住民のために最善の判断をするのが町長であり、それは遂行できたと思っている」＝2018年6月2日

（メモ）市町村数は半減

市町村合併特例法は、1965年に10年の時限立法として制定され、改正と延長を重ねてきた。

「平成の大合併」は、返済額を地方交付税で優遇する特例地方債を導入した99年の制度改正が起点。市への昇格要件の人口5万人は、合併町村で3万人に緩和した。これらにより市町村数は同年3月末の3232から1718にほぼ半減した。

一方、合併で市役所や役場から遠のいた地域の維持経費などの問題も生じている。東日本大震災では、そうした地域の救助や復旧の遅れが指摘された。

合併関連法は現在、法の目的が合併の「推進」から「円滑化」に緩められ存続している。

「情報公開・食糧費問題」黒塗り分析し不正暴く

カラ懇談の役人天国　裏金で飲食、官官接待も

文・諏訪雄三
写真・堀　誠

全国の自治体職員が公金で飲食する。そして架空の懇談会で捻出した裏金を使い中央省庁の官僚をもてなす「官官接待」……。公務員の不正の横行を暴いたのは、一人の男の直感が発端だった。宮城県は1995（平成7）年1月20日、情報公開条例に基づく請求を受け、財政課職員の弁当代などに充てる「食糧費」に関する書類を一部公開。仙台市民オンブズマン事務局の中心メンバー、庫山恒輔《くらやま・つねすけ》（73）は「おかしい」と追及を始めた。

落ちたモラル

書類は懇談会の開催場所や出席者名などが分からないように消されていた。それを一覧表にすると奇妙さが際立つ。財政課は年間70回、計2300万円を使い懇談し、このうち64回分の請求書の作成日は同じだった。筆跡から2人が書いているように読めた。

「年度内に支払いを済ませるため、急いで書類を整えたからです。1人当たりの酒量も半端なく多い。懇談会が実際にあったか疑わしい」と庫山。住民の視点で行政を監視するため2年前に発足したオンブズマンは、この分析結果を受け、黒塗り部分の公開を求める訴訟をすぐに起こした。

情報公開の舞台になった県政情報センターの前に立つ庫山恒輔。「いつも住民が監視することが必要です」

さらに公金の不当・不正支出として住民監査請求も出す。だが県庁ＯＢが含まれる監査委員は「不正な行為はなかった」と逃げた。「死せる監査委員」に期待できないと、財政課職員４人を相手取り公金返還を求める住民訴訟にも踏み切った。

これらと並行し、庫山らは財政課以外も情報公開請求。資料を受け取るため県庁地下1階にある県政情報センターに多いときは週に2、3回通った。「コピー代は1枚当たり30円。総額は３００万円ほどかかりました」

受け取るとすぐ仙台駅前のビルにある事務所へ。ピーク時には人を雇い書類をデータベース化し内容を分析した。カラ懇談に加えカラ接待、カラ出張……。あらゆる機会を駆使し裏金をつくり、飲食に使っていた。「カラ出張は食糧費問題が騒がれる中でも行われました」。公務員のモラルは地に落ちていた。

県政への信頼

当時の宮城県知事は浅野史郎《あさの・しろう》（70）。ゼネコン汚職で本間俊太郎知事（78）が逮捕され辞職したのを受け、厚生省課長を辞めて93年11月、出身地の知事選に立候補した。「泡沫《ほうまつ》候補」だったが県民の怒りに後押しされ、自民党などが推薦する前副知事を破った。

当選時は全国で2番目に若い知事。クリーンな政治が宿命だった。地元紙が95年2月に「カラ飲食疑惑」を初めて報道した時、浅野は「まずいな」と感じる。「県政への信頼が薄れる中、さらなる信用失墜につながる」「逃げよう、隠そう、ごまかそう」。一瞬、頭をよぎったが、すぐに「逃げない、隠さない、ごまかさない」と決めた。「情報公開で県民は早晩、全容を知るだろう。さらにこれは財政課の個人の犯罪ではない」と考えた。

返還訴訟を受けて浅野は7月に全庁調査を指示する。その際、副知事に「解明できなければ首だ」と伝えた。知事にそう言われれば、副知事は部下を厳しく調べられると期待したからだ。県は翌月、カラ飲食を認める。追い立てられながらの対応が続いた。

自由民権運動

宮城県に究極の選択を迫ったのは、黒塗り文書の開示を巡る96年7月の仙台地裁判決だ。「県の予算を使った会合で、職務で出席しており、プライバシーが問題になる余地はない」と全面開示を命じた。オンブズマンの完全な勝利だった。

「官官接待の相手、中央省庁の官僚から控訴するよう電話があった。名前を出すのは名誉毀損《きそん》だという批判も受けました」。浅野は悩んだが「カラ飲食が含まれることは知っていた。高裁、最高裁で勝てる見込みもない。

最終的に黒塗りがない資料を見た人は、もみ消すために上訴したと思うだろう」。

控訴は断念し書類を開示した。「情報公開条例があるので、役人は悪いことはできない。オンブズマンは敵であり、患部を教えてくれる医者でもある」。浅野の教訓だ。

県は97年2月に不正支出の最終調査結果を発表した。不適正支出は前に公表したカラ出張分などを合わせ8億円近くに上り、処分者も延べ１７００人を超えた。一部は返金もされた。

オンブズマンはこの対応を評価し、次々と起こした訴訟を取り下げ2年間に及ぶ闘いは終わる。「私たちの活動は情報公開制度を使った現代の自由民権運動です」。東北大で歴史を学んだ庫山らしい言葉だ。

国では今、財務省による森友学園の決裁文書改ざんなどずさんな公文書管理が相次いで明らかになっているが、庫山らに真相究明のすべはない。自治体の行為には地方自治法に基づき監査請求し納得できなければ住民訴訟を起こせるが、国にはそういう制度がない。庫山は批判する。「それに官僚はあぐらをかいている」＝２０１８年5月19日

（メモ）「必要悪」の主張も

宮城県が1990年に情報公開条例を施行したように、自治体の情報公開の動きは国よりも早い。さらに情報を入手した人たちは、地方自治法に基づく住民監査請求や住民訴訟の制度を使って、支出の違法性をチェックすることができる。

国の官僚の接待は、予算獲得のための「必要悪」という論法も自治体側にはあった。だが裏金を自らの飲食にも使った実態が暴かれると宮城県や高知県などが官官接待の廃止を表明、多くの自治体も従った。財源や権限を移す地方分権を求める動きにもつながった。国レベルでは2000年4月に国家公務員倫理法が施行され、官官接待は厳しく規制されている。

文・西出勇志
写真・藤井保政

「永代供養墓」跡継ぎ不要に高まる需要

「安心して死ねる」田舎が映す家族の変化

日蓮宗僧侶の小川英爾《おがわ・えいじ》（65）はある日、独り暮らしだという70歳ぐらいの女性の訪問を受けた。自らが構想した跡継ぎを必要としない墓の仕組みを説明すると、彼女の口から思わず言葉がこぼれた。「ああ、これで安心して死ねる」

名前はその一言で決まった。1989（平成元）年、新潟市西蒲区の妙光寺に誕生した「安穏廟《あんのんびょう》」は家族構造の変化を受け、小川が全国に先駆けて造った永代供養墓。基金の運用で合同の墓を管理、供養してきた寺はこの30年、さまざまな人が集う「開かれた寺」としても脚光を浴びてきた。

解体する共同体

700年の歴史を持つ妙光寺は、住民投票で原発建設計画を断念させた旧巻町に位置する。経済的にも厳しい「田舎」の寺院に小川は生まれた。

5人きょうだいの末っ子。兄は新潟を離れて大学教員となり、自身も研究者を志向、僧侶になるつもりはなかった。だが、大学生の時に父親はがんで死去。悩んだが、寺を長年支えてくれた人々をそのままにはできな

本堂に安置されているお釈迦様の像の前で、「安穏廟」の発想について語る妙光寺前住職の小川英爾＝新潟市

い。寺をコミュニティー研究や実践の場とも捉えた小川は20代前半で住職になり、宗教社会学専攻の大学院生として二足のわらじで活動を始めた。

日蓮宗の研究機関から声がかかり、過疎地寺院の実態調査をした小川は結論を導く。「人口流出より、先祖祭祀《さいし》で寺を支えてきた血縁、地縁といった共同体の解体が問題」。地域社会の基礎となる家族は、進行する少子高齢化、核家族化で激変していた。「家」は続かない。このままでは檀家《だんか》制度は崩壊する。

妙光寺には、山の斜面に建立されて文字が読めなくなった江戸時代の墓もある。継承する人もいない寺の墓の存在と、全国の過疎地域の調査に携わった経験。その頃、未婚と、離婚して独身の姉妹２人がやってきた。

「実家の墓に入りにくい。墓地を譲って」。小川は問う。「誰が面倒をみるの？」。これは日本全国の問題だと感じた。では継承を前提としない合同墓を造ればいいではないか。管理は基金で運用、供養は寺が責任を持つ。檀家役員に相談したら「確かにうちも息子が継ぐかどうか、分からん」。企画は動きだした。

ついのすみか

資金集めは大変だったが、檀家の協力で3千万円を借りた。こうしてデザイン性重視の108区画を持つ墳墓型の安穏廟1基が誕生した。1区画85万円。宗派は問わず、1人でも複数でも、事実婚、友人同士でも可。年会費3500円の会員制を敷き、誰も引き継ぐ人がいなくなった13年後、個別の区画から合祀《ごうし》墓に移される仕組みだ。

10年で1基分、40年で4基分と考えたが、全国から問い合わせが殺到、12年で4基分とも完売した。境内の別の場所にも造り続けているが、希望者は絶えない。

新潟市の丸山雄《まるやま・かつ》(81)、幸子《さちこ》(75)は再婚同士の夫婦。約10年前に安穏廟と契約した。双方に男女の子どもがいるが、娘たちは結婚し息子たちは未婚。「なので永代供養がいい。ついのすみかがあるのは、ものすごく安心」と幸子は話す。札幌市で大学卒業まで過ごし新潟で就職した雄は、北海道に実家の墓があるが、弟が引き継いだ。小川の考え方に共鳴、夫婦そろって生前戒名も得た。

美しく整備された安穏廟付近をときどき散策する。2人の区画には何も刻まれていないが、入れる文字は決めている。「いろんな意味を込めて『ありがとう』って。長い間、そしてこれからも」

納得と魅力

小川は今、檀家ではなく檀信徒の言葉を使う。家ではなく、信仰はあくまで個人単位と考えるからだ。

葬儀が依頼できる新旧の檀徒と、安穏廟会員が中心の信徒。檀徒には寺の会計を公開、戒名料も取らない。90年に始めた夏のイベント「フェスティバル安穏」は「万灯のあかり」と名前を変えて継続、檀信徒や市民が集い、墓を縁とした新しいネットワークを形成する。「個人の意思で付き合ってもらうには、納得ができて、魅力的な寺であることが大事」

妙光寺の挑戦はメディアで繰り返し取り上げられた。四半世紀前の黄ばんだ新聞の切り抜きを持ち、訪ねてくる人がいる。安穏廟の記事が出た直後、夫に墓の相談をすると「うちの実家でいいじゃないか」。長い間悩んだが、夫が定年でようやく話を聞いてくれるようになり、妙光寺に来た。「家」に縛られ、つらい思いをした妻たちだ。

「人生模様は本当にさまざま。墓を通し現代の家族が見える」と小川。本人や家族からの相談は、余命宣告や喪失の苦しみ、親族の不仲、介護、相続も。必要に応じ、もつれた人間関係をほぐす役割を果たし、弁護士や税理士も紹介する。

２０１７年、住職を引退した。こんな墓がなぜ田舎でできたかと問われると、こう答える。「田舎では問題が未来にあるのではなく、現在進行形だったから」＝2018年6月23日

（メモ）加速する葬送の脱「家」

戦後日本で進行してきた都市化や少子高齢化、核家族化は、葬送に劇的な変化をもたらした。血縁による継承が前提だった墓の維持が困難になる中、脱「家」化が加速している。

妙光寺の安穏廟同様、跡継ぎを必要としない永代供養墓は各地で増加。家族だけではなく、友人らと共に眠ることができる「桜葬」も脚光を浴びた。1991年発足の「葬送の自由をすすめる会」による「自然葬」も定着、多くの業者が海や山への散骨を実施する。

跡継ぎがいない人だけではなく、「子どもに迷惑をかけたくない」として、こうした葬送を選ぶ人々は多い。「家」意識は大きく変化している。

「限界集落」絆支えに夫婦行商35年

心待ちの老人、見守りも　高齢化日本一の山村

文・久江雅彦
写真・堀　誠

急峻《きゅうしゅん》な山あいのV字谷に、民家が点在している。小型トラックのスピーカーから演歌が流れると、村人がぽつりぽつりと集まってきた。

群馬県南牧村《なんもくむら》で、安藤裕《ゆたか》（66）と妻のさき子（63）が行商を始めてから35年目の夏が巡ってきた。２０１４（平成26）年には民間シンクタンクの予測で「消滅可能性が最も高い村」とされ、その名が知れ渡った。夫妻の目に村の変遷はどう映るのか。なぜ長きにわたり、行商を続けてきたのか。移動販売に同行した。

消えていく集落

「あれ、あるかい？」。南牧村上底瀬《かみそこぜ》地区。80歳代の女性が、さき子に聞くと「チャーシュー麺ね。ありますよ」。他のお客には「納豆は小粒のやわらかめが好みだよね」。夫妻の頭には、村人の家族構成や好みがほぼ入っている。「村でこの2人を知らない人はいません」と常連客は言う。

運転するのは裕で、駐車すると、さき子と2人で商品を外にも陳列する。刺し身、肉、牛乳、納豆、乾物類……。５００種類に及ぶ。荷台の半分は冷蔵庫、残り半分は常温で保存できる品々。「動くスーパー」だ。

移動販売の途中に立ち寄った集落で「おはぎ食べていかない」。買い物客に振る舞う安藤裕とさき子。みんな友達のようだ＝群馬県南牧村

２人は車で30分余りかかる隣の下仁田町《しもにたまち》に住む。毎週月曜日から金曜日まで集落ごとに巡る。立ち寄る場所はかつて50カ所あったが、今は35カ所。「限界集落」から住む人がいなくなり、やがて消滅していったからだ。週３回は、裕が高崎市の市場まで仕入れに出向く。その日は午前１時半に起床。市場から戻り、魚をさばいたり、揚げ物をつくったりする。

南牧村は江戸時代、砥石《といし》や和紙の特産地。明治期以降はコンニャク栽培や林業、養蚕で栄えた。だが、時代の変化でどれも他の地域や外国との価格競争に敗れ、村は衰退を余儀なくされた。

良い物を安く

１９５５年の人口は１万５０００人超。それが毎年減り続け、今年５月時点で１９１０人まで落ち込んだ。うち65歳以上は１１７７人で、高齢化率は61・6％。２０１５年の国勢調査で高齢化率60・5％と全国１位だったが、これを更新している。

「この商売を始めたころは、うちも含めて12台の移動販売車が来ていました」。途中、村を貫いて利根川へ注ぐ南牧川の源流を見つめながら、裕は回顧した。

「それでも30年近く前には1日の売上高が40万円にも上り、品物がなくなって家の倉庫まで取りに戻ったことも。だけど他の業者は次第に減り、村全域を回るのはうちだけになってしまった」

結婚式場の営業マンだった裕が行商に転じたのは1984年2月だった。当時、長女は5歳で長男は2歳。「移動販売の盛況ぶりを見て、家族を養っていけると思った」。しかし、事はそう思い通りに運ばない。さき子がトラックから降り、一軒一軒を訪ね歩く。

「買わなくてもいいんです。品物を見るだけ見てもらえませんか?」

それから3年。市場から直接仕入れて「良い物をできるだけ安く売る」という思いが信頼につながり、いつしか多くの村人が顧客になってくれた。その大半はもう70~90代で、行商は見守りの役割も果たす。

売れ筋も変化した。昔は肉やハンバーグがよくさばけた。夏場はアイスクリームも人気だった。さき子は「若い人や子どもも多かったから」と振り返る。今の売り上げベスト3はサケ、マグロ、揚げ物という。

体力続く限り

村の90%近くが山林で、宅地は1%に満たない。南牧川や支流に沿って、つづら折りの道が続く。今のトラックは8台目で走行距離は25万キロ超。それまでは15万キロで替えていたので、計130万キロも走った。これは地球32周分に相当する。

2011年春、東日本大震災の影響で市場の物資も極度に減った時の出来事を今も忘れない。ふだん取引のない業者までもが「安藤さんは南牧村の独り暮らしの人たちに届けているんだから」と納豆や牛乳などを特別に分けてくれた。供給を制限していたガソリンスタンドの経営者も「山奥まで行けるように、満タンにします」。

裕は14年12月から40日余り糖尿病で入院し、休んだことがある。「病床で、独り暮らしのおばあちゃんのことが気になって。買い物はどうしているのかと」。退院から１週間。まだ体調はすぐれなかったけれど、アクセルを踏んだ。行く先々に見慣れた顔。「心配してたんだよ」「元気になったのかい」……。涙を流して出迎えてくれた人も１人や２人ではなかった。

「あの光景を見て、決めたのです。体力が続く限り、この村で行商を続けようって」。裕がそう言うと、さき子も「村の人たちはみんな友だち。人が減っても、絆は強まっていると感じます」。

だが、自分たちが行商できなくなる日はいつか訪れる。その時、渓谷の山村にはどんな風景が広がっているのか。不安を拭えないまま、今日も演歌のメロディーに乗ってトラックを走らせる。＝

２０１８年７月７日

（メモ）　移住支援で人口流入模索

少子高齢化が進む日本では、平成時代に「限界集落」という言葉が生まれた。過疎化で65歳以上の高齢者が住民の半数を超え、社会的な共同生活の維持が困難になりつつある集落を指す。

国土交通、総務両省の調査によると、２０１５年４月時点で全国の１万５５６８カ所が該当し、10年度の前回調査から約５千増加した。

一方、民間シンクタンク「日本創成会議」が14年に発表した報告書は40年までに全国約１８００市町村のうち、ほぼ半数が消滅する恐れがあると指摘。南牧村はじめ、こうした自治体では移住者の受け入れや支援、空き家の提供などで人口の流入を模索している。

「外国人技能実習制度」漁支えるインドネシア人

震災で人手不足加速　「建前と本音に落差」

文・久江雅彦
写真・藤井保政

東北の太平洋沖は寒流と暖流がぶつかり合う絶好の漁場として知られる。その拠点の一つである宮城県石巻市は漁業で栄えてきたが、２０１１（平成23）年３月の東日本大震災で４千人近くの死者・行方不明者を出す被害を受け、漁港や関連施設も壊滅した。

この漁師町で今、漁業を支える主力は外国人技能実習制度で日本へやって来たインドネシア人の若者だ。受け入れ窓口である「特定非営利活動法人　石巻漁業実習協議会」の会長、木村優治《きむら・ゆうじ》（47）は「実習制度の実態は『出稼ぎ』。外国人が安心して長く働ける制度にしてほしい」と願う。

船上の礼拝

18年初秋の夕暮れ、石巻漁港。三陸沖での操業を終えた底引き網の漁船が次々と入港してきた。どの船にもインドネシア人が乗り込んでいる。木村の「山神丸」には3人のインドネシア人が乗船し、着岸すると、船底から魚をクレーンで引き揚げていく。カレイ、ヒラメ、タイ…。その数50種類で漁獲高は2トンに上る。

山神丸の出港は午前2時で、乗船時間は16時間に及んだ。この間、１００キロの沖合で底引き網漁を5回繰

午前２時ごろに出て午後６時すぎに帰港、この日の漁獲量は約２トン。インドネシア人実習生は魚の水揚げ後休み間もなく、翌日未明の出港の準備が始まる＝宮城県石巻市

り返す。行き帰りの約5時間と漁の合間が休息。イスラム教徒の彼らは、船上で1日5回の礼拝を欠かさない。

陸上の労働時間は労働基準法で定めるが、海上で働く人は船員法で1日の労働時間は8時間以内とし、それ以外に船上で休憩を取ることが規定されている。この例外的な労働環境から、日本人には敬遠されがちだ。

テンディー（25）は13年から3年間、木村の船で実習生として働き、2度目の来日が可能となった外国人技能実習制度改正で18年6月に戻ってきた。「漁はきつい？」と聞くと、流ちょうな日本語で答えた。

「仕事だからきついけれど、給料から妹と弟へ仕送りできるので、また頑張ります」。最初の3年間の手取りは毎月11万円余り。このうち3万円ほどを実家へ送金していたという。アパートは木村の借り上げ。「往復の渡航費や諸費用を入れると、人件費は日本人よりも高い」と木村は言う。

現在、石巻漁港を拠点とする漁船で働くインドネシア人は116人。石巻漁業実習協議会には24人の船主が所属し、船の数や規模に応じて彼らは振り分けられている。

口論絶えず帰国

ここに至るまでには曲折があった。彼らが初めて実習生として、この地へ来たのは07年。「求人を出しても集まらない。船もあって、魚も取れるのに漁に出られない。漁師として、あの悔しさは一生忘れられない」。木村はそう振り返った。

入港する大型漁船にインドネシア人が多く乗っていたことから、彼らを雇えないかと思案した。木村の中学校時代の同級生がたまたまインドネシア西ジャワ州で魚の買い付けをしていた。当時は自治体だけが受け入れの窓口だったため、同級生の橋渡しで石巻市と西ジャワ州が協定を結び、11人を受け入れた。

「インドネシアに帰っても仕事はないだろ！」「私たちは奴隷ではない！」。当初は、船主もインドネシア人もコミュニケーションがうまく取れず、口論も絶えなかった。3年滞在する予定だったインドネシア人は1年で全員が帰国した。

木村は「彼らを知ろうとする努力と思いやりが足りなかった。その苦い記憶が教訓になった」。実習生やその家族を知り、石巻の漁業の現状を分かってもらうために、船主が毎年順番に西ジャワ州を訪れるようにした。

がれき回収

08年から実習生の受け入れを再開し、軌道に乗り始めた頃、東日本大震災が起きる。本国からの指示を受け、29人いたインドネシア人のうち、自らの意思で残った1人を除いて全員が帰国した。魚市場も壊滅。

漁船は流されたり、損傷したりして漁師はなりわいを失う。

木村たち底引き網の漁師に回ってきた仕事は、三陸の海に堆積したがれきの撤去。「悔しさなんてなかった。一日も早く漁に出るために根こそぎ回収してみせる。そんな思いでいっぱいだった」

実習生の支援を目的に震災の翌年、石巻漁業実習協議会を設立した。その年7月、震災直後の帰国者のうち13人が来日。翌年から毎年30～40人余りを受け入れている。

技能実習制度の現実はその文言と裏腹だ。日本の外国人労働者受け入れは高度な専門知識を持つ人材に限られ、単純労働は認めていない。このため、実際は労働力不足を補うケースが大半。木村も「帰国した実習生で漁師になる人は少ない。実態は家族を養ったり、進学の資金をつくったりするのが目的。今の制度は建前と本音の落差が激しい」と指摘する。

「自分の国へ帰れるのはうれしいけど、日本を離れるのは寂しい」。18年9月に開かれたインドネシア人10人の送別会でスルトン(24)は漏らした。少子化で労働人口が減っていく日本。技能実習という名の「出稼ぎ」はいつまで続くのか。＝２０１８年10月６日

（メモ）賃金不払いなど相次ぐ

政府は１９９３年、外国人を日本の事業所で受け入れ、習得した技術を母国の経済発展に役立ててもらうとして、外国人技能実習制度を創設した。期間は当初の最長３年が、昨年の技能実習適正化法の施行で最長５年に。職種は機械加工、農業、介護をはじめ77種に上り、２０１７年12月末時点の実習生は約２７万人。国籍別ではベトナム、中国、フィリピンの順に多い。

日本側の受け入れ窓口となる監理団体は実習が適切か確認し指導するが、違法な時間外労働、賃金不払いといった問題が相次ぐ。適正化法には人権侵害への罰則や受け入れ先の監督強化が盛り込まれ、監理団体を許可制とした。

第６章　選挙制度改革

「選挙制度改革」消えゆく多彩な人材

小選挙区のひずみも　政党政治は劣化

文・久江雅彦
写真・堀　誠

「諸悪の根源は『政治とカネ』に行き着く。これを正すには、サービス合戦で多額の費用がかかる中選挙区制を抜本的に改めなければならない」

1989（平成元）年1月、自民党本部6階の会議室。党政治改革委員会会長の後藤田正晴《ごとうだ・まさはる》は広報担当の党職員、伊藤惇夫《いとう・あつお》（69）を呼び、事務局のスタッフを命じた。ロッキード事件に続くリクルート事件。「政治とカネ」が自民党を揺さぶっていた。衆院を小選挙区中心の選挙制度にする転換は、この委員会が源流だ。黒子で関わった伊藤は、その後の軌跡をどう総括するのか。

危機的な状況

「自民党の機関紙を日刊化する構想があり、職員を増やすそうだ。やってみないか」。72年、東京・新橋のバー。出版社に勤めていた伊藤が知人から持ちかけられたのは24歳の時だった。「政治の世界という怖いものみたさ」で転職した。その伊藤が「政治に目覚めた」のは後藤田との出会い、そして政治改革の担当が転機だった。

国会の前に立つ伊藤惇夫。自らが関わった制度改革が今日の事態を招いたとしたらじくじたる思いを拭えない、と

「私も最終的には抜本的な選挙制度改革が必要だと思いますが、いきなりそこから入ると、捕まった泥棒が『玄関に鍵をかけなかった方が悪い』と開き直るようではないですか。まず腐敗防止法を検討するとか、政治の役割を議論するとか……」

伊藤が口にした疑問を後藤田は受け流した。首相は竹下登《たけした・のぼる》。「リクルート事件で危機的な状況に陥り、政治改革を掲げて動きだすしかなかった」と振り返る。委員会のスタッフには、党職員から６人が登用された。

妥協の産物

政治改革委は89年5月、竹下に「政治改革大綱」を答申する。小選挙区制導入を柱とする選挙制度の抜本改革、政治資金の「出」と「入り」の規制強化、政党への公的資金導入の検討。首相は竹下、宇野宗佑《うの・そうすけ》を経て海部俊樹《かいふ・としき》（87）に代わり、91年に政治改革関連法案として国会へ提出された。

「党の会合では毎回100〜150人が集まり、激論を交わした。提出の直前まで数カ月間は資料づくりで、週3回は半ば徹夜だった」。法案は衆院政治改革特別委員会で審議されたが、身内の自民党内の強い反対から廃案に追い込まれる。

92年、自民党副総裁の金丸信《かねまる・しん》が佐川急便からの5億円の闇献金で議員辞職。自民党最大派閥の竹下派で後継者争いが勃発、小沢一郎《おざわ・いちろう》(76)、羽田孜らは新たな派閥を結成した。翌年、政治改革を実現できなかった宮沢内閣の不信任案に同調し離党。衆院選を経て、政治改革を旗印に細川護煕《ほそかわ・もりひろ》(80)を首相に非自民8党派の連立政権をつくり、自民党は下野した。

小沢らに近かった伊藤は自民党に残るが、党幹部から公の場で「ここには小沢の回し者がいる」と指をさされた。

政治改革関連法は細川と自民党総裁、河野洋平《こうの・ようへい》(81)のトップ会談で合意し94年3月に成立する。小選挙区300、比例代表200という自民党案を細川が丸のみした。

「英国の単純小選挙区制を神聖視し過ぎた。英国は階級社会に基づく特殊な制度だった」と伊藤は回顧し、自省した。「二大政党制、政権交代の実現を掲げたが、これほど党首の相対的な人気で大量に当選したり、落選したりするとは…。選挙区が狭い分、有権者が候補者をより見極めると想定していた」

歴史の皮肉

自民党で反対の論陣を張った代表格は後の首相小泉純一郎《こいずみ・じゅんいちろう》(76)。「政治改革なんて『無精卵』みたいなもの。いくら温めても何も生まれない。そんなものに賛成できない」。伊藤は小泉の言葉を今も忘れない。その小泉が5年の長期政権を謳歌《おうか》できたのは、皮肉にも新たな制度による面も大きい。

93年、最後の中選挙区制度下で初当選した若き日の安倍晋三《あべ・しんぞう》(63)も小選挙区制に反対した一人。逆に、改革を主導した小沢氏は自ら率いた政党の衰退を余儀なくされる。伊藤は「つくづく歴史の皮肉だと思う」と漏らした。

20年余りの自民党生活に別れを告げた後、旧民主党などの事務局長を経て2001年に退任する。政治の世界に区切りを付け「地元・神奈川県の海沿いの町で、のんびり暮らそうかと思い描いていた」。だが、自らの半生を記した著書「政党崩壊　永田町の失われた10年」をきっかけに、テレビ各局からコメンテーターの依頼が舞い込む。

「せいぜい5年くらいかな、と軽い気持ちで自民党への転職を決めた」。あの新橋の夜から長い歳月が流れた。平成の政治の表と裏を見てきた伊藤は言う。「小選挙区制で色彩豊かな議員が消え、単色に変わった。政治は与野党とも劣化している。それが制度改革に起因するならば、端くれで関わった一人としてじくじたる思い

（メモ）得票4割台で議席7割超

政治腐敗の元凶は、自民党の候補者同士がサービス合戦を展開する中選挙区制にあるとして、衆院に小選挙区比例代表並立制が導入された。各選挙区の当選者が1人の小選挙区と、各政党の得票数に応じ議席を配分する比例代表を組み合わせる。

現在の定数は小選挙区289、比例176の計465。比例は全国11ブロック単位だ。小選挙区と比例に重複立候補でき、小選挙区で敗北しても惜敗率が高ければ〝復活〟できる仕組みをとっている。小選挙区制は「死票」が多く、2017年の衆院選では、得票率47・8％の自民党が全289議席の約74％に当たる215議席を獲得した。

を拭えない」

小選挙区制の導入や政党への公的助成で総裁はじめ党執行部に権限の一極集中が進み、「官邸主導」と称する統治に変容した。目の前に広がるのは、異を唱えにくい「安倍1強」の光景だ。＝2018年6月9日

「自衛隊イラク派遣」米の意向増幅し追い風に

湾岸トラウマの反動　憲法と同盟の「限界」

文・久江雅彦
写真・綿井健陽

2003（平成15）年3月下旬、ワシントン郊外の米国防総省。日本部次長のデービッド・ハンターチェスターが口にした言葉に、日本の外交官は身を乗り出した。「ブーツ・オン・ザ・グラウンド」。地上兵力を意味する軍隊用語だった。米側はイラク復興を見据え、陸上自衛隊の投入を求めたのだ。空輸や海上輸送は「日本の顔」が見えにくい。だから陸自部隊が不可欠……。直前の3月20日、米大統領のジョージ・ブッシュ（71）は、大量破壊兵器保有を理由に対イラク戦争に踏み切っていた。

政府動かす根回し

この言葉は対米協力の象徴的なフレーズとして、日本政府を動かす追い風になる。そう受け止めた外交官は、日米当局間の協議で使うよう助言した。秘められた根回しには、対米関係を優先する日本の外交当局が米国の「圧力」を増幅し、日本政府を動かそうとする思惑が込められていた。

開戦の翌月、防衛庁で日米外交、防衛当局の協議が開かれた。「自衛隊はどんな復興支援ができるのか」。

そう口火を切った米国防副次官補のリチャード・ローレスは、日本の挙げた海上の機雷除去案を退け「ブーツ・オン・ザ・グラウンド」と要求した。

もくろみ通り、日本は陸自派遣へ傾斜していく。安全保障担当の官房副長官補を務めた柳沢協二《やなぎさわ・きょうじ》（71）は、その背景を「1991年の湾岸戦争時の『湾岸トラウマ（心的外傷）』の反動」と断じる。戦費で拠出した130億ドルは全く評価されなかった。「トゥー・リトル　トゥー・レイト（少なすぎ、遅すぎる）」「カネを出しても血を流そうとしない」。米国が憤った記憶は消えない。

開戦時、防衛庁防衛研究所長だった柳沢は自衛隊派遣を「国際協調と日米同盟のニーズを一致させる実践の場」と当時の論文で支持した。対北朝鮮での日米協力を担保する必要もあった。

引きこもり部隊

ブーツ・オン・ザ・グラウンドの言葉で醸成された対米協力のムードを背に、自衛隊派遣の根拠となるイラク復興支援特別措置法が2003年7月に成立した。その2カ月後、政府はイラク調査団を投入する。首都バグダッド、北部のモスル、南部サマワ……。最優先は治安情勢、そして自衛隊による給水の需要だった。移動は米軍ヘリコプターで、ハンターチェスターも同行した。調査団の参加者は「米国は国際協調を印象づけるため、自衛隊がイラクの地に存在することが必須と考えていた」と回顧する。調査の結果、比較的安定し、インフラ整備の遅れたサマワに絞られた。戦後復興とは無縁だった。

陸自は当初、オランダ軍に守ってもらい、その役割は後にオーストラリア軍が引き継ぐ。正当防衛と緊急避難以外に武器を使用できない制約があったからだ。04年1月から約2年半の間に送り込んだ陸自の自

自衛隊が建設したイラク・サマワのユーフラテス川に架かる橋。現地の人に軍隊が来るのが良かったか民間が良かったかをきくと「民間の方が良かった」と答えた

衛官は、延べ約５５００人。給水のニーズを満たした後は学校・道路補修の施行・管理に手を広げた。

駐屯地には常時６００人の自衛官がいたが、外に出ていたのは「20～30人だった」と関係者は明かす。正当防衛と緊急避難以外に許されない武器使用の限界から、大半の自衛官が引きこもった。その結果、宿営地の要塞《ようさい》化が進む。隊舎の内装はじゅうたんや壁の装飾などで充実し、時には刺し身まで振る舞われた。

うなずく首相

柳沢は自衛隊派遣直後の04年４月、官房副長官補に就く。毎日午後３時から首相官邸で開いた「イラク情勢会議」の主眼は安全確保だった。迫撃砲が撃ち込まれると、宿営地のコンテナの上に、土のうを詰めたコンテナを重ねて貫通を避けることにした。

首相の小泉純一郎《こいずみ・じゅんいちろう》（76）は06年６月、イラク派遣の陸自部隊の撤収方針を表明する。

これに先立ち、柳沢と調整した時、小泉は安堵《あんど》した様子で「1人の死者も出さなかった」と言った。「それだけではありません」と柳沢は付言する。「自衛隊は1発の銃弾も撃っていません」。小泉は「そうだな」とうなずいた。

そのやりとりが反映されたのか。翌月、陸自朝霞駐屯地（東京都練馬区）で開かれたイラク復興支援群等隊旗返還式で、小泉は力を込めて訓示した。「1発の銃弾を発することもなく、1人の死者も出さずにこのような立派な任務を果たされた。これはすばらしい」

柳沢は「そんな自衛隊だからこそ国民の認知度が上がり、支持を受けてきた。もし自衛隊が日本の防衛以外で、殺し殺されるように変容すれば、国民の心は一気に離れていく」と懸念する。

戦後、大量破壊兵器は見つからず、過激派組織「イスラム国」（IS）の台頭を許した。柳沢は言う。「結果論だが、イラク戦争は誤り。あの自衛隊派遣は、憲法と日米同盟を両立させる『限界』だった」

＝2018年2月3日

（メモ）空自は武装米兵運ぶ

イラク復興支援特別措置法による支援は、人道復興支援活動、安全確保支援活動に大別される。

航空自衛隊はC130輸送機で、クウェートからサマワ近くの飛行場へ陸上自衛隊員や物資を運んだ。陸自撤収後は2008年末までバグダッド空港はじめ危険度の高い地域で、武装した米兵らの輸送を繰り返した。

イラクでの自衛隊活動は日本政府が独自に定めた「非戦闘地域」に限られたが、名古屋高裁は08年4月、空自のイラク空輸の一部を「武力行使の放棄を定めた憲法9条に違反する」と断定。原告が求めた派遣差し止めなどの訴えは棄却したため、勝訴した国側は上告できず、判決は確定した。

「カンボジアPKO」未投函の手紙、危険の文字

殉職は「政治の責任」　異国に尽くした警察官

文・久江雅彦
写真・村山幸親

「お父さん、お父さん！」。１歳の次男は日章旗と国連旗に包まれたひつぎを何度ものぞきこみ、無邪気に呼び掛けた。１９９３（平成５）年５月７日夕。国連カンボジア暫定統治機構（ＵＮＴＡＣ）に文民警察官として参加し、この３日前に殺害された高田晴行《たかた・はるゆき》の遺体が岡山県倉敷市の自宅に到着、安置された。33歳だった。父の死を理解できていないのだろう。屈託のない笑顔が親族らの涙を誘った。

あれから四半世紀。若き日、警察学校で寝食を共にした元広島県警の藤原義正《ふじわら・よしまさ》（61）は彼の人生の軌跡を小説「英雄　タカタ・ハル」と題して出版し、異国の平和に尽くした高田の功績をたたえ政治の責任を問うた。

自衛隊の死角

「世界で活躍するのが夢。いつか在外公館で働きたい」。89年６月、広島市の中国管区警察学校の専門課程で１カ月間、一緒に生活した藤原は高田の言葉を今も覚えている。４年後の93年５月４日、高田らＵＮＴＡＣの日本人文民警察官５人はカンボジア北西部のアンピル近郊の国道を車両で移動中、武装グループに銃撃された。

「他の人は大丈夫ですか」。息絶える間際に発した最期の言葉は、岡山県倉敷市の墓地の石碑に刻まれている。殺害現場の近くには、高田の遺族らが支援して建てた小学校があり、子どもの声が響く。

ＵＮＴＡＣは91年、国連平和維持活動（ＰＫＯ）として、長く続いたカンボジア内戦を収束させて、公正な総選挙で民主国家の基礎をつくるのが目的だった。日本も92年に成立したＰＫＯ協力法に基づいて、自衛官と文民警察官を派遣した。

ＰＫＯ協力法は紛争当事者間の停戦合意や日本の受け入れ同意、中立的立場など参加５原則を規定した。文民警察官の任務は現地警察への助言、指導、監視。「武器を持たない方がかえって安全」との理由で、武器の携行は認めなかった。憲法９条が定める海外での武力行使への懸念などから、自衛隊の派遣に世論やメディアの関心が集まり、文民警察官は死角だった。

平和への決意

「日本も経済大国になったので、人的な面でも平和貢献するために行くことにしました」。ＰＫＯに志願した高田は、当時の上司たちに決意を語った。「岡山県警の代表として最善を尽くし、多くの土産話を持って帰国したいと思います」

全国の警察からカンボジアへ派遣されたのは75人。高田はアンピル文民警察署へ配属される。現地の警察官を対象に警察学校を開設し、教官として講義した。急病で意識不明の女児を80キロ離れた病院へ搬送して命を救い、住民から感謝されたこともあった。

当時、高田は岡山県警へ現地から定期的に報告書を送っている。「カンボジアの人々の日本人に対する期

殺害現場近くに遺族らが支援して小学校が建てられた。教室には高田晴行の写真が飾られている＝カンボジア北西部のアンピル近郊

待は大変に大きいので、それに応えるためにも全力を尽くし、職務を全うしたい」

だが、現地の治安は日増しに悪化し、停戦合意も、受け入れ同意も、中立も形骸化していた。事実、高田が殺害される前月にカンボジア・コンポントム州で国連ボランティアの中田厚仁《なかた・あつひと》が射殺される事件が起きている。

不安と緊張

高田の死後、アンピルの宿舎に残されたジュラルミン製のスーツケースの中から、岡山県警へ宛てた一通の未投函《みとうかん》の手紙が見つかった。

「選挙が近づくにつれて、非常に危険になってきました。いつ襲われるか分かりません。居ても立ってもいられない状況です」。関係者によれば、手紙にはそんな趣旨の文言がしたためられていた。藤原は「高田君の本音だったのでしょう。ただ、危険を訴える内容は自らに与えられた任務と相反すると考えて、投函をためらったのかもしれない」と推察する。

高田の死後も、宮沢内閣の官房長官だった河野洋平は「局地的な停戦違反はあるものの、全面的に戦闘が再開されているわけではない」として「停戦合意を含めてPKO協力法の参加5原則は満たされている」。高田を襲撃した武装勢力はポル・ポト派との見方が強かったが、政府は「正体不明」との見方を崩さなかった。ポル・ポト派の犯行と認めてしまえば、停戦合意の大前提が揺らぎかねないと判断したという見方が消えない。

藤原は小説の終章に高田をモデルにした主人公「ハル」の思いを描く。

「国連からの要請で危険なところへ派遣するのであれば、それに応えられる組織・部隊を選び、職務に耐えられる装備資機材を持たせてほしい。(中略)安全に使命を全うできるよう、法整備を行ってから、送り出してほしい」

警察庁は高田の死後、PKOへの文民警察官の参加に慎重な姿勢となり、99年と2007年に東ティモールで危険な場所を避け、計5人の文民警察官を派遣したにとどまっている。＝2018年3月30日

(メモ) 文民警察官は分散

カンボジアでは、大量虐殺で知られるポル・ポト政権が1979年、ベトナム軍の侵攻で崩壊し、ヘン・サムリン政権が発足した。ポル・ポト派、シアヌーク派、ソン・サン派が82年に反ベトナムの民主カンボジア連合政府を樹立し、内戦が激化した。

日本が主導した91年のパリ和平協定で内戦は一応終結。国連は92年、民主化を目的に国連カンボジア暫定統治機構(UNTAC)を設立し、特別代表に国連事務次長だった明石康が就いた。自衛隊は南部タケオが拠点で、文民警察官は2~5人のグループで30カ所近くへ分散。93年、総選挙を経てカンボジア王国が誕生した。

「北朝鮮ミサイル発射」幻の海上封鎖、激しい応酬

米要求「法の番人」拒む　警鐘鳴らした政府筋

文・久江雅彦
写真・堀　誠

「北朝鮮がミサイルを撃ったことを知っていますか？」。1993（平成5）年6月11日早朝、東急田園都市線あざみ野駅（横浜市）構内。内閣官房副長官の石原信雄《いしはら・のぶお》（91）は突然こう切り出すと、取り囲む記者に話し始めた。「先般、日本海に着弾しました」。能登半島の北350キロ付近に落ちたと推定された。日本に向けた北朝鮮の弾道ミサイル開発が初めて明かされた瞬間だった。

その後、北朝鮮はミサイル発射と核実験を重ねる。初めてミサイルを発射した後、米国は海上封鎖を検討し、日本に機雷除去を要請した。だが憲法の制約から拒んだ。石原の目に北朝鮮の動きはどう映ってきたのか。

政治の混迷

官房副長官の発言は「政府筋」として報じる取り決めが、メディアと官邸との間にあった。各社の記者が毎朝、石原の自宅に近いあざみ野駅付近で待ち、電車に乗り込むまで質問を投げ掛けた。

なぜ、自らミサイル発射を話したのか？　四半世紀たった今、石原は「北朝鮮の実態を知らせなければ、

政府の国民に対する怠慢になると考えた」と振り返る。北朝鮮のミサイル発射は5月29日。日本のほぼ全域を射程に収める中距離弾道ミサイル「ノドン」だった。

「ミサイル発射は機密情報ではなく、事実関係にすぎない。だから、時の宮沢喜一《みやざわ・きいち》首相（故人）や河野洋平《こうの・ようへい》官房長官（81）に相談せず、私の判断で話した」。石原がミサイル発射を公言した日はちょうど、核開発が明らかになった北朝鮮の核拡散防止条約（NPT）からの脱退期限で、米朝協議は大詰めだった。

この頃、宮沢内閣は政治改革関連法案で迷走していた。後に離党する自民党議員の大量造反により内閣不信任案が可決され、衆院解散・総選挙を経て「非自民」連立で細川護熙《ほそかわ・もりひろ》（80）が首相に就く。北朝鮮危機は「政治の空白」の最中に起きた。

揺れる思い

94年1月、石原は首相官邸を訪れた米中央情報局（CIA）所属とみられる人物から衛星写真を見せられた。それは北朝鮮・平壌北方の寧辺にある建造物。「原子力発電所とは違う核爆弾をつくる施設だった」

細川は翌2月、米大統領クリントン（71）と会談する。

「表向きの議題は日本の市場開放と内需拡大だったが、実際の協議は北朝鮮対処だった」と石原。クリントンは「米軍は北朝鮮の周辺を海上封鎖する。北朝鮮は対抗手段として日本海や東シナ海へ機雷をまいてくる可能性があるので、機雷除去を頼みたい」と単刀直入に要求してきた。

細川から「どう返答すればいいのか……」と相談を受けた石原は、関係省庁の幹部と秘密の協議を重ねた。記者の目を避けて集まった場所は官邸の向かい、総理府5階の小部屋だった。

内閣法制局長官の大出峻郎《おおで・たかお》（故人）は反対を貫いた。「海上自衛隊による機雷除去は、相手から見れば、武力行使そのもの。日本の領海ならば個別的自衛権で可能だが、戦闘海域で実施すれば、海外での武力行使を禁じた憲法9条に反する」

外務省からは「実弾を撃つわけではない。危ない機雷を払いのけることは戦闘行為に該当しないのではないか」と異論が噴出し、激しい応酬を繰り広げた。

結論は、機雷除去には応じられない―。

石原は「『法の番人』たる内閣法制局は別格の存在で、その判断は絶対的。私は行司役だったが、結論は致し方なかった」。一方で「米国が海上封鎖し、機雷除去に協力できていれば、北朝鮮は核・ミサイル開発を断念したかもしれない」と揺れる思いも引きずる。

朝鮮半島と日本の地図を前に当時の様子を語る元内閣官房副長官の石原信雄。日本政府内の激しい応酬を振り返る＝東京都中央区

孤立を懸念

細川は4月、佐川急便グループからの資金提供疑惑を追及され退陣する。新生党党首の羽田孜《はた・つとむ》（故人）が後継になると、社会党が連立から離脱し、政治は混迷を極めた。

北朝鮮は6月、国際原子力機関(IAEA)からの脱退を宣言し、米朝は一触即発の危機に直面したが、元米大統領のカーター(93)の訪朝で戦争は回避された。

しかし、北朝鮮はその後も核・ミサイル開発を推し進めた。そして昨年、6回目の核実験や米本土を射程に入れる大陸間弾道ミサイル(ICBM)の発射実験を繰り返し、「国家核戦力完成」も宣言した。

能登半島沖へ初めてミサイルを発射したとの情報を受けた時、石原は「これから日本にとって、とても厳しい状況になる」と思ったが、今は「ここまで北朝鮮の脅威が高まるとは……」。

その北朝鮮を率いる朝鮮労働党委員長の金正恩と米大統領トランプ(71)は6月12日に会談する予定を決めた後、二転三転し、米朝の駆け引きが続いた。ICBMの開発凍結で合意し、ノドンなど日本を射程に収める弾道ミサイル、そして拉致問題が置き去りにされないか。石原は「日本が孤立しない外交戦略が必要だ」と警鐘を鳴らす。=2018年4月14日

(メモ) 体制保証求める北朝鮮

北朝鮮は核兵器とその搭載手段である弾道ミサイルの開発を進め、これをカードに米国からの体制保証を求めてきた。これまで6回の地下核実験を強行。2017年11月には新型ICBM「火星15」の発射実験に成功したとして「国家核戦力完成」を宣言した。国連安全保障理事会は開発を断念させるため、石油供給制限など制裁を強化している。

一方、朝鮮労働党委員長の金正恩《キム・ジョンウン》は平昌《ピョンチャン》冬季五輪を機に融和路線に転じ、核実験やミサイル発射の停止を表明。南北首脳会談を経て、米大統領トランプと6月12日に会談することで合意した。だがその後、非核化などを巡り米朝は対立し、会談の開催は流動化した。

「尖閣・中国船衝突事件」緊張の海、仲間の無事祈る

島民救った義父誇りに　「自由な航行」願い遠く

文・松浦　篤
写真・藤井保政

沖縄県・尖閣諸島上空に海上保安庁の航空機「きんばと」が到着した。通信員の城間毅《しろま・つよし》(61)は、漆黒の海でレーダーが感知した画像に目を光らせる。2010(平成22)年9月下旬。モニターには多数の影が浮かんでいた。「中国の公船だな。いつまで居座るつもりなのか……」

海上の巡視船に無線で通報した。「魚釣島から310度(北西)に接近するレーダーエコー4隻あり」。機体は一気に高度を下げた。暗い場所を見通せる赤外線カメラで船名や乗組員の数を確認するためだ。

「了解」。現場の巡視船は、城間の通報を合図に陣形を組む。島への接近や乗組員の上陸を防ぐため、中国船の進路をふさいだ。

スピード勝負

出口の見えない警戒活動は、約2週間前から始まった。

9月7日午前、海保の巡視船「よなくに」が、尖閣諸島の久場島沖の領海内で操業する中国のトロール漁船を発見した。停船命令を無視して漁船は「よなくに」へ衝突。さらに、巡視船「みずき」にも接触した。

海保は船長を逮捕。政府は中国側に冷静な対応を求めたが、反発は収まらなかった。船長逮捕後、中国船はこれまでにない頻度で尖閣に接近するようになる。11年8月には領海にも入った。

「航空機のレーダーやカメラで海域の情勢を真っ先に把握、分析して連絡するのが役目。とにかくスピード勝負だった」。石垣航空基地に所属していた城間は振り返る。

「中国船が去った後には魚釣島の西、東経123度線上を飛んだ」。日本の防空識別圏内、台湾の戦闘機が緊急発進しない、ぎりぎりの位置だ。高度を上げて水平線を監視しながら、仲間同士で声を掛け合った。「船は必ずやってくるぞ」

進む武装化

12年4月、第11管区海上保安本部（那覇）の運用司令センターに異動した。担当は後方支援だった。

異動直後、米国訪問中の東京都知事、石原慎太郎が尖閣諸島の購入計画を表明。これに対し、政府は9月「航行の安全確保と安定的な管理が目的」として魚釣島など3島の国有化に踏み切った。

中国は領有権の主張をエスカレートさせ、中国船の領海侵入も急増する。12年は20件、13年は50件を超えた。同年11月には尖閣上空に防空識別圏を設定。海保は中国の識別圏内での活動を強いられるようになった。現場の装備も人員も足りなかった。「エンジントラブルが発生。至急、航空機を手配しろ」。上司の指示で、城間は全国各地の海上保安本部への応援要請に追われた。

職場には巡視船やヘリコプターが撮影した衛星画像が送られてくる。「これまでにない新しい船だな。機関砲かな」。画像を分析して武装化を進める実態を確認した。

任務中に命を預けた愛機「きんばと」と約7年ぶりに再会した城間毅。沖縄県・尖閣諸島の警戒活動に明け暮れた日々の思い出がよみがえる＝第11管区海上保安本部・石垣航空基地

仲間の無事を祈る日々だった。「偶発的な衝突が起き、戦争に発展しないだろうか」。疲弊する心身を支えたのは「義父のように石垣島民らを守る」という誇りだった。

二つの慰霊碑

「尖閣列島戦時遭難死没者　慰霊之碑」。18年1月25日、城間は石垣島南西に立つ石碑の前で「悲劇を繰り返してはいけない」と誓った。碑には犠牲者80人の氏名が刻まれている。太平洋戦争末期、石垣島から台湾に疎開する途中、尖閣に漂着して命を落とした人たちだ。

疎開船が石垣港を出港したのは1945年6月30日。漁師だった義父の伊礼良精《いれい・りょうせい》（故人）は船員として乗り込んだ。沖縄本島では組織的戦闘が終わり、制海権は米軍が握っていた。

台湾の島影が見えた7月3日、米軍機が襲来した。機銃掃射で多くの人々が死亡。1隻は沈没し、残る1隻は魚釣島に漂着した。わずかな食料、照り付ける夏の日……。餓死者が相次いだ。1カ月過ぎたころ、座礁船の板やくぎを集めて小舟を作った。集めた布を縫い合わせ、帆も取り付けた。

8月12日、伊礼ら9人は助けを呼ぶため石垣島に向けて出発した。約170キロの危険な航海。漂着者らは「決死隊」と名付けた。「衰弱した体でよくぞ舟をこいだ。島民を救いたいとの一心だったと思う」と城間。2日目に石垣島に到着し、救助船が生存者を連れ帰った。

69年、石垣市は魚釣島に慰霊碑を建立したが、70年代に入ると渡航は困難になる。中国と台湾が尖閣の領有権を主張し始めたからだ。

「事件が風化してしまう」と、遺族は2002年、石垣島に慰霊碑を建て直した。二つの慰霊碑は、親族を弔う自由すら許されない現実を突き付けている。中国船による領海侵入は常態化。18年1月には中国軍の潜水艦も接近した。「中国は絶対に尖閣を諦めないよ」と、定年退職した城間は言う。「それでも自由に航行できる海を取り戻したいな」。願いがかなう日は、来るだろうか。＝2018年3月3日

（メモ）日中両国とも船舶増強

日中両国は、尖閣諸島に派遣する船舶やヘリコプターなどの増強を進めている。

海上保安庁は2016年、第11管区海上保安本部（那覇）に巡視船12隻による尖閣専従の警備体制を確立した。さらに各地の海上保安本部に応援を求めており、巡視船やヘリコプターの整備を進めている。

中国も急ピッチで公船を建造する。海保の分析では、16年に126隻（海保は62隻）だった千トン級以上の船舶は、19年に146隻（同66隻）となる。すべての船を尖閣に投入するわけではないが、近年は、尖閣沖で領海侵入する隻数は増加傾向にあり、船舶の増強ぶりをうかがわせている。

第７章　リーマン・ショック

「北海道拓殖銀行破綻」警察情報で日銀特融察知

流氷の町から幻のスクープ

文・志田　勉
写真・萩原達也

身を切るようなオホーツクの海風が街路樹をしならせている。1997（平成9）年11月16日。北海道新聞社（道新）の紋別支局兼住宅（紋別市）で、支局長鈴木博志《すずき・ひろし》（62）はテレビを見ながら日曜日の夜を過ごしていた。マレーシアで開催のサッカーワールドカップ（W杯）アジア第3代表決定戦、日本対イランの生中継だ。初出場がかかる大一番だった。

午後11時ごろ、支局の電話が鳴る。懇意の紋別署の警察官からだった。「知っていると思うけど」。一瞬、間が空く。「明日、拓銀つぶれるってさ」。鈴木は思わず、受話器を強く握りしめた。

バブル崩壊

拓銀の正式名称は北海道拓殖銀行。1900年、北海道開発を目的にした金融機関として設立された。道内と首都圏を中心に約200店舗を抱えたが、巨額の不動産融資がバブル経済崩壊で焦げ付き、経営不振に。破綻すれば都市銀行初で、金融危機の引き金になってしまう。マスコミ各社は「Xデー」に備え、97年春ごろから取材にしのぎを削っていた。

取材先の紋別署の前に立つ鈴木博志。「拓銀破綻」の情報をつかむ端緒になった＝北海道紋別市

鈴木はその年の3月に東京社会部から紋別支局に赴任する。部下は20代の記者1人だけ。管轄は当時人口3万人弱の紋別市と近隣町村。「サツ回り」と呼ばれる警察署の警戒、毛ガニの漁獲量や冬の風物詩である流氷の話題を記事にする。新聞一面を飾るニュースはほとんどなく、地域版向けの記事を書いていた。

そうした平穏な日常の中に飛び込んできた重要情報。なぜ警察官が拓銀破綻を知っているのか不明だったが、「うそはつかない人」という認識を鈴木は持っていた。

だが、連絡を一瞬ためらう。「紋別支局は道新の中でも出先の出先。札幌本社も知っているのでは」と脳裏をかすめた。W杯サッカーで盛り上がっている中、意を決し本社経済部に電話した。誰も出ない。政治部、社会部の番号も次々に押す。呼び出し音だけが耳に長く響いた。

翌日の月曜日は新聞休刊日だったため、編集局のほとんどの記者は休みだった。「これは、まずい」。鈴木は焦りながら紋別支局を管轄する北見支社に電話。同僚が出ると、一気にまくし立てた。「報道部長の自宅の電話番号を教えてくれ」

極秘ミッション

同じ頃、札幌市の道新本社ビル隣の拓銀本店は重苦しい空気に包まれていた。本店の部長（70）は既に破綻後の影響を見据えていた。土曜日には各支店幹部宅に電話。理由を伏せて「日曜日朝に支店に出てこい」と指示していた。

「絶対的に現金が足りなかった」と部長は記憶をたどる。極秘のミッションを実行する必要があった。取り付け騒ぎ回避のため、道内の日銀各支店などから事前に現金を拓銀支店に運ぶ。資金不足に陥った場合に無担保、無制限で行う特別融資。「日銀特融」だった。

ジュラルミンケースを積んだ支店長車や現金輸送車が、日曜日の夕方から日銀と約１３０の拓銀道内支店間を何度も往復した。金額は計数百億円に。大蔵省などは道警に拓銀本支店の警備を要請。鈴木が警察官から「破綻」を知らされたのは、現金輸送作業が無事完了した時刻だった。

裏取り

鈴木の１本の電話がきっかけで、道新本社６階の編集局に次々と幹部や記者が駆けつけた。日付が変わり、W杯サッカーは延長戦の末に日本の劇的な勝利に。街角で高揚感に包まれるファンを尻目に、記者たちは「裏取り」に奔走した。

「実は政治家の取材で破綻の裏が取れた。休刊日でなければ16版（新聞朝刊最終版）に間に合った」。後に鈴木は編集幹部から聞かされる。

拓銀本店幹部、道新編集局記者とも、徹夜で休刊日の17日朝を迎えた。午前6時半ごろ、拓銀がマスコミ各社に「記者会見のお知らせ」をファクス。前後してテレビは「拓銀破綻」を速報する。道新も号外を配布した。

鈴木は部下に拓銀紋別支店を警戒させた。後はいつもと変わらない仕事を淡々とこなす。拓銀の道内営業基盤は北洋銀行（札幌市）に引き継がれ、取り付け騒ぎは免れた。「幻のスクープ」の端緒を取った鈴木に編集局長賞が贈られた。

一段落した後、鈴木は居酒屋で警察官とグラスを傾ける。聞きたいことがあった。なぜ電話を？

「よそに教えても、仕方ないだろう」と、けむに巻かれる。道新への信頼か。それとも自分に対する信用か。今も分からない。

鈴木は本社勤務などを経て2016年に定年退職した。「（情報入手は）棚からぼた餅。どこにも端緒を取る機会はあった」と、今も誇ろうとは思っていない。

（メモ）金融危機の影響今も

1997年11月は日本の金融史上、「魔」の月だった。三洋証券（3日）、北海道拓殖銀行（17日）、山一証券（24日）の破綻が相次ぐ。金融機関を手厚く保護した旧大蔵省の「護送船団方式」は崩壊した。

バブル経済が崩壊する中、不良債権処理先送りや債務の損失隠しが主な理由だった。

金融危機の影響は今も引きずっている。日銀がゼロ金利や量的緩和に踏み切り、株価は上がったが、デフレからは抜け出せないまま。国の借金も1千兆円を超えた。

メガバンクや地方銀行の多くは少子高齢化や低金利で収益環境が悪化。人員削減と店舗の統廃合を余儀なくされている。

ただ大蔵省からも、拓銀本店からも遠く離れた辺境の地でキャッチしたあの日の記憶は少しも色あせていない。「北海道を代表する銀行破綻の一次情報に誰よりも早く接した。記者冥利《みょうり》につきる」。＝2018年7月14日

「リーマン・ショック」反論にかき消された警告

金融工学、非難浴びる　リスク分散できず破綻

文・辻村達哉
写真・藤井保政

この金融商品のリスクは分散されてない。破綻は起こる―。池森俊文《いけもり・としふみ》（65）の警告は反論にかき消された。「現実の金融はおまえが思うようなものじゃない」「頭だけで考えた仕組みは駄目」。予測通り、その日は来た。

２００８（平成20）年９月15日、米史上最大となる約６千億ドルもの負債を抱え、証券大手リーマン・ブラザーズが倒産した。欧米の大手銀行や保険会社も深手を負い、株価が急落。日本の金融機関へのダメージは欧米ほどではなかったものの、深刻な景気後退に陥る。

引き金は、金融工学で作られた米国のサブプライム（低所得者向け）住宅ローンの破綻だ。ノーベル経済学賞受賞者を輩出し、もてはやされた金融工学は「悪魔的で怪物のよう」「人に対する愛情がみじんもない」と非難を浴びた。

押し寄せる波

金融工学は１９５０年代の米国で幕を開ける。確率論や統計学といった数学の手法を使い、将来の不確実性を測り、投資の指針を与える研究から始まった。

70年代、世界経済がめまぐるしく変化する「不確実性の時代」を迎え、リスクに対応するデリバティブなど金融商品の開発や、金融機関のリスク管理を支援する理論の研究が盛んになる。旧ソ連との宇宙開発競争が収まり失職した米航空宇宙局（NASA）の科学者が参入したことと、大型コンピューターによる計算技術の進歩が、その動きを後押しした。

日本の金融業界は長い間、数学と無縁だった。池森は77年に東京大数学科を卒業。サッカーに熱中し研究者への道を諦め「数学から最も遠い仕事を」と日本興業銀行（現みずほ銀行）へ。職場で必須のそろばんが苦手だった池森は窓口業務で電卓を使い、「お客さんに失礼だ」と怒られた。

84年、故郷にある広島支店にいた池森は本店に呼び戻される。日本に押し寄せる金融工学の波に対応すべく、データの統計処理をする部署に数学のできる人材を集めることになったのだ。

白紙からのスタート。しかも数学はほとんど忘れていた。池森は一念発起し、新しい仕事に必要な数学を出勤前に勉強し直す。「おかげで、いったんは離れた数学に戻ることができた」

リスク管理

池森を含む30人ほどの態勢で、87年に金融商品開発部が発足した。金融資産を売買する権利をやりとりするオプション取引、異なる通貨の金利などを交換するスワップ取引……。海外の情報を仕入れ、ほそぼそと開発を始めた。90年には東京証券取引所に長期国債先物オプション取引が上場し、商品の数は増えていく。

バブル崩壊後は、リスク管理がテーマに加わる。融資先の信用リスクを調べようとして、融資の担当者

サブプライム関連商品の危うさを警告した池森俊文。東京証券取引所で平成20年のリーマン・ショックを振り返った＝東京・日本橋兜町

に「審査を通った取引先の信用リスクはゼロだ」とねじ込まれた。データより現場の勘が頼りの時代だった。

金融技術を興銀以外にも提供する別会社が98年に設立され、興銀の合併に伴い２００２年、みずほ第一フィナンシャルテクノロジーに改名。同社取締役となった池森は、地方銀行が融資先の信用リスクを評価するためのシステムの開発支援に乗り出す。社会インフラとしての金融システムを守る、金融技術の応用だ。

やがて金融立国ブームに。「個人の金融資産を証券化しろ」「企業の合併・買収を積極的に」と政府も経済界もあおり、経済産業省は07年、最先端の金融技術を担う人材の育成に乗り出す。その陰で破局が迫っていた。

新たな道

池森はサブプライム関連商品の危うさを関連会社などに警告していた。

何千人もの住宅ローンを集め証券化した商品。ローンは個別事情で返済不能になるためリスクは分散されるとの触れ込みだが、住宅価格が一斉に下がり、担保価値がなくなれば破綻する。「シミュレーションも示したが反応は鈍かった」。心配は現実となり、リーマン・ショックが起こる。

日本の金融機関は米国のような金融商品の「乱用」に慎重だった。ただ、米投資銀行幹部が当時語った「曲が流れる間は踊り続ける」という雰囲気に引きずられていたのではと池森は振り返る。

東京都立川市にある国の統計数理研究所で副所長を務める山下智志《やました・さとし》（54）は「統計学の基礎が分かっている人なら買わない商品。にもかかわらず、格付け会社は最上位の『トリプルA』を付けていた。金融工学への批判は当たらない」と語る。

池森は07年に社長となり史上最高の利益を出す。だが翌年のリーマン・ショックで金融商品開発の仕事が大幅に減り、就任時の業績に戻したのは13年。退任の年だった。

「金融システム全体の課題解決に金融工学をもっと使うべきだ。例えば規制の効果の分析、金融危機を防ぐ方法の探求に使える」。会社の中にとどまっていないで、もっと外部の人たちと議論する必要があると池森は考えている。＝2018年8月18日

（メモ）金融の基礎に役立つ

2018年7月、08年前半の日銀金融政策決定会合の議事録が公開され、同年6月の段階でリーマン・ショックを予測できていなかったことが明らかになった。

金融機関へのダメージが比較的軽かった理由について山下智志（54）は、自己資本比率を高めていたことに加え、信用リスクや市場リスクを測る精緻な金融技術が日本にあったからだと分析する。

「危ない商品は今もたぶん出回っていて、手口はどんどん巧妙になっている。それを見抜くことも金融工学の仕事」と山下。もっとも、本来の役割は金融の基礎に役立つことだと言い、無借金企業の信用リスクも測れる技術の開発に取り組む。

文・渡部道雄
写真・堀　誠

「消費税導入」選挙に絡む「政治の主役」

歴代首相辞任の要因に　売店で1円玉巡る騒動

東京・六本木のコンビニで、大蔵省（現財務省）の主税局長尾崎護《おざき・まもる》（82）と税制2課長薄井信明《うすい・のぶあき》（77）は、落ち着かない様子だった。1989（平成元）年4月1日午前0時すぎのことだ。

「消費税スタートの日。混乱が起きないか心配で…。歯ブラシを買うと、レシートにちゃんと税率3％の表示があった。本当にほっとした」と尾崎は振り返る。

首相の竹下登《たけした・のぼる》はこの日、東京・日本橋の三越を夫人と訪れ、ネクタイを消費税込みの値段で購入。「早く国民生活に溶け込むよう努めたい」と笑顔で語った。

企業を翻弄

多くの企業は消費税に翻弄《ほんろう》された。原因は1円玉だ。デパートの釣り銭はそれまで10円単位で、1円玉の準備はない。京王百貨店新宿店は急きょ銀行から40万枚の1円玉を入手し、さらに社員から11万枚をかき集めた。

ＪＲの「キヨスク」は金銭受け渡しの早さが売り上げに直結するため、1円と5円を釣り銭に使用しないと決めた。商品に税率分を転嫁して端数を切り上げたり、切り捨てたりして対応したのだ。よく売れる安い商品の消費税は、キヨスクの負担となった。

チャンスとみた企業もある。兵庫県姫路市のグローリー工業（現グローリー）は、まず10円玉を1円10枚にする両替機を製作したが売れなかった。「100円を10円に、500円を100円に替える従来の硬貨両替機を改造したが、機械から1円玉がすぐに無くなった」と同社マネジャー藤田孝広《ふじた・たかひろ》（53）は苦笑する。

スーパーのレジには長い列ができ、釣り銭渡しのミスが多発した。グローリーはそこに目を付け、客が払った硬貨を釣り銭に利用する循環式のレジ用釣り銭機を92年に国内で初めて開発。これが大ヒットし、通貨処理機器のトップメーカーになる原動力となった。

一番の仕事

戦後の日本の税制は、所得税や法人税など直接税が中心だった。「特にサラリーマンに重税感が強かった。それを抜本的に改めて、課税ベースの広い消費税のような大型間接税を導入しようと70年代から検討を始めた」と尾崎は言う。

歴代首相は大型間接税の導入でつまずく。大平正芳《おおひら・まさよし》は79年、財政再建目的に一般消費税導入を訴えたが、与党からも反対されて断念した。中曽根康弘《なかそね・やすひろ》（99）は86年の衆参同日選で「国民や自民党員が反対する大型間接税はやらない」と発言したが、年末に政府と自民党の税制調査会は売上税を提案した。国民は「うそをつかれた」と反発し、法案は国会の審議未了で廃案となった。

「自分の一番の仕事は消費税の導入だ」。政権を握ったばかりの竹下は、尾崎に決意を語った。

共同通信政治部で「竹下番」を務めたジャーナリスト後藤謙次《ごとう・けんじ》(68)が背景を説明する。「大蔵省も本気だった。首相秘書官に小川是《おがわ・ただし》、主税局担当審議官に尾崎、小沢一郎《おざわ・いちろう》官房副長官秘書官に香川俊介《かがわ・しゅんすけ》、間接税担当の税制2課長に薄井とエースを投入。後に4人とも事務次官になっている」

尾崎らは、高齢化社会に備えるため消費税が必要だと政治家や企業、労働組合を説いて回った。

「竹下さんは全国でつじ立ちして必要性を国民に訴えた」と薄井は言う。「低所得者ほど税負担率が大きくなる問題点も指摘し、議論を呼び起こしたのは小川秘書官の発案。小沢さんは豪腕で、野党の民社と公明党を賛成に回らせた」

「平成（元号）の書」は、尾崎護がアドバイザーを務める国立公文書館に保管されている。レプリカを手に尾崎が振り返る大蔵省は、思い出の中だけにある＝東京都千代田区

再延期

消費税法案は88年12月24日、参院本会議で可決、成立した。「私にとって最高のクリスマスプレゼントとなった」と尾崎。

竹下は同日夜、私邸で「陛下に頑張っていただいたおかげだ」と話し、涙を流した。近くにいた後藤は、この光景が忘れられない。昭和天皇は翌年1月7日に逝去された。法案成立前だったら皇室関連行事などに忙殺され、消費税は吹き飛んだだろうと竹下は思っていたのだ。

竹下は89年6月、リクルート事件などの責任を取り辞任。翌7月の参院選は、同事件に消費税導入への批判も加わって自民党は惨敗し、後継首相の宇野宗佑《うの・そうすけ》も辞任する。

税率は97年4月に3％から5％に引き上げられたが、翌年夏の参院選で自民党はまた惨敗。橋本龍太郎《はしもと・りゅうたろう》は首相退陣に追い込まれた。

尾崎はつぶやく。「消費税（導入）は増税そのもの。増税は、どの時代にも人気はない……」

2001年、首相になった小泉純一郎《こいずみ・じゅんいちろう》（76）は「私の任期中、消費税率は引き上げない」と宣言。政界で消費税論議は封印されることになる。現首相の安倍晋三《あべ・しんぞう》（63）は税率8％を実現したが、15年10月に予定していた10％への引き上げを17年4月に延期。さらに19年10月へ再延期した。増税に極力関わりたくないように映る。

歴代政権を見続けてきた後藤はきっぱりと言った。「平成を通じて、政治の主役は消費税だった」＝2018年5月19日

（メモ）所得税に次ぐ税収に

消費税導入前にあった物品税は、宝石や毛皮、乗用車などに課税されていた個別間接税だ。ぜいたく品には担税力があるとの考えが元になっているが、テニス用具や高級振り袖は非課税だったことなど、消費実態や社会の多様化に対応していないと批判された。

日本の税制は所得税や法人税など直接税が中心だったので、間接税比率が低い「直間比率」も問題視された。所得税や法人税は、景気動向で増減しやすい欠点もあった。海外では多くの国が大型間接税を導入していた。

2017年度の国税収入のトップは所得税で約18兆6千億円。消費税は約17兆1千億円で所得税に次ぐ基幹税になっている。

文・石井勇人
写真・藤井保政

「コメ市場開放」

米国圧力に聖域破られ　苦肉の全量買い取り　普通の作物へ転換

東京・靖国神社の近く、明治の元勲・山県有朋《やまがた・ありとも》の邸宅跡地に立つ農林水産省三番町共用会議所。「うん、この部屋だ。短時間だったので、よく覚えていないが、お茶ぐらいは出たかな……」。24年ぶりに訪れた元農水審議官の塩飽二郎《しわく・じろう》（85）は、目を細めた。

一粒たりとも

1993（平成5）年10月11日、農相の畑英次郎《はた・えいじろう》（89）は来日した米国の農務長官エスピー（64）を、三番町に迎えた。塩飽は、めったに使わない大臣室の奥にある和室に案内する。座卓を挟んで向き合った畑に、エスピーが「（事務レベルの合意内容で）結構、異論はない」と述べた。コメの市場開放という農政の歴史的な転換が決まった瞬間だった。この10分足らずの会談は極秘で、今なお公式な記録はない。

首相の細川護熙《ほそかわ・もりひろ》（79）が「断腸の思いの決断」と、コメの部分開放を表明したのは、12月14日未明の記者会見になる。

貿易の自由化を目指す多角的貿易交渉（ウルグアイ・ラウンド）が86年に始まると、「一粒たりとも入れない」と反発が噴出。衆参両院は、全会一致でコメの例外扱いを求める国会決議を繰り返した。91年3月には、千葉市・幕張メッセに展示された4キロ余りの米国産のコメについて、食糧庁が「輸入は許可制であり、食糧管理法に違反する」と撤去を要請、警察が乗り込む騒ぎも起きた。

「日本のかたくなな姿勢は、国際交渉の場では批判の的だった」と、塩飽は振り返る。交渉のキーワードは例外なき関税化。「大半の国が例外を認めず、従来の主張を継続するのはほとんど不可能」。孤立する中で、どうやって日本の主張を通すのか。「ジュネーブ、ワシントンなど頻繁に場所を変えながら隠密交渉を続けた。食事しながらナプキンにメモをとり、宿舎に帰って翻訳して東京にファクスした」。通訳なしの小人数の密会を重ねたが、外務省への情報漏れを防ぐため大使館の公電も使わなかった。

平成の大凶作

米国の激しい攻勢に、〝防衛線〟をどこに引くのか――。93年夏、塩飽ら少数の農水官僚らが考えだした苦肉の案は、輸入を一部容認するが、全量を日本政府が買い上げる枠組み。これならば国内に流通しない制度を整えたと言え、国会決議とぎりぎり接点が見いだせると踏んだ。農業の将来ビジョンを描くよりも、米国の圧力をかわすことに精いっぱいだった。

当時の農水省の「極秘メモ」には「まず日米の合意を図ることが不可欠。（中略）厳重な秘密保持を維持しており、今後仮に何らかの形で情報漏れが生じても、全面否定」とある。秘密裏に協議が進む。

折しも、政界は自民党の宮沢政権から非自民の細川連立政権に交代する混乱期。交渉経過は、与野党の農林族議員の中枢4人だけに報告されたが、交渉は官僚が主導した。

農水事務次官の京谷昭夫《きょうや・あきお》（故人）は8月19日午後、塩飽を連れて、首相に就任したばかりの細川の元に

コンバインで刈り取りが進む田の前に立つ丸田（左）と日比。２人ともコメが特殊な作物だという思い入れはない＝新潟県上越市

説明に行く。「こいつに水面下でアヒルの水かきをさせています」と紹介するが、細川は日米交渉には興味を示さない。梅雨明けが遅れ、不気味なほど涼しかったからだ。「コメの作況が悪いようだが」と問われた京谷は「心配ありません」と装った。

実際は、東北地方を中心に大凶作となり、政府は約２６０万トンもの緊急輸入を迫られる。まとまりかけた日米交渉への影響を恐れた農水官僚は、正確な情報を国民に知らせなかったのだ。

巨大小作

ウルグアイ・ラウンドの決着で、毎年、国内消費量の１割近い約77万トンものコメ輸入が続く。その約半分が米国産。ほとんどは加工や援助に使われ、コメの自給体制は堅持されているが、コストは膨大だ。稲作改革は進展せず、農家の高齢化は進み、コメの生産現場は激変を迫られている。

「このコメはすべて輸出用です」。「穂海《ほうみ》農耕」（新潟県上越市）の巨大な倉庫には多収米「あきだわら」が積み上げられていた。同社代表の丸田洋《まるた・ひろし》（43）は「僕らは原料供給メーカー」と言い切る。外食や中食など業務用のコメを主力に、経営規模の拡大を目指す。

スキー場に勤務していた丸田は、農家を手伝ったのがきっかけで稲作に可能性を感じ、２００６年に３ヘクタールの水田を借りる。離農する農家から次々と借り受け、経営規模を１３０ヘクタールに拡大した。賃料の一部は丸田らが「年貢」と呼ぶコメの現物。いわば「巨大小作」だ。

丸田や農作業の運営を担う日比昇《ひび・のぼる》（44）ら12人の社員は平均35歳。全員、実家が農業とは無縁でコメが特殊な農作物という意識はない。牛丼チェーン向けなど11種類のコメの作期をずらし、大型農機の利用回数を増やすことでコストを下げる。

国が全量を管理していたコメは、20年以上かけて普通の作物に転換する最終章を迎えた。＝２０１８年１月13日

（メモ）食管法廃止で米穀店激減

多角的貿易交渉（ウルグアイ・ラウンド）がヤマ場を迎えていた１９９３年８月、社会、新生、公明など７党・１会派が、日本新党代表の細川護熙《ほそかわ・もりひろ》を首班に「非自民」の連立政権を樹立した。

ウルグアイ・ラウンドは94年４月に最終決着。これを受けて95年１月に世界貿易機関（ＷＴＯ）設立協定が成立、国内では６兆１００億円の対策が実施された。

戦時中に制定された食糧管理法は95年に廃止、食糧法に引き継がれ、米穀店は激減した。食糧庁は２００３年に廃止、農林水産省穀物課などに引き継がれた。国が関与するコメの減反（生産調整）は今年の作付けから廃止される。

「インバウンド急増」鍵握る外国人の目線

タイから東北へ呼ぶ　触れあい重視のツアー

文・久江雅彦
写真・藤井保政

荘厳な社殿に雅楽の調べが流れ、十二単《ひとえ》をまとったみこが舞う。旧庄内藩主だった酒井家の殿様を祭る山形県鶴岡市の荘内《しょうない》神社。夏の終わり、この周辺を巡ったタイ人旅行関係者のモニターツアーの一行は「私たちの知らない『本当の日本』に出合った思い」と旅を満喫した。

平成後期、インバウンド（外国人の訪日客）は急増したが、観光庁によれば２０１７（平成29）年に日本に来た外国人延べ宿泊者数で東北の割合は１・３％。「みちのくインバウンド推進協議会」（同県酒田市）の事務局長、河野裕喜《こうの・ひろき》（52）はこの地域へタイ人を呼び込もうと奮闘している。

歌登の奇跡

「こんなに甘いブドウは初めて。日本の果物は安全だから、安心して食べられます」。荘内神社の前は観光農園。バンコクで旅行代理店を率いるルンナパ・カンパヤ（53）ははほ笑んだ。10種類余りのブドウが１人千円で食べ放題。

日光と東京を前後に含む５泊６日のツアーは他にも、独自のイベントや訪問先が旅程に並ぶ。

国連教育科学文化機関（ユネスコ）の無形文化遺産に登録された新庄まつり、酒田漁港でのバーベキュー、舞妓《まいこ》の演舞観賞。江戸初期に創業した老舗旅館の宿泊も目玉で、どこも「日本人との触れ合い」を重視する。

河野が東北のインバウンドに関わるきっかけは、酒田市でホテルを経営する熊谷芳則《くまがい・よしのり》（60）との巡り合いだった。河野は14年、北海道の北端に近い枝幸町歌登で廃業の危機だったホテルを再生させた立役者としてテレビで紹介された。タイ人観光客の呼び込みに成功し「歌登の奇跡」と称された。

その頃、熊谷は「このままでは山形県、東北は衰退の一途をたどる。インバウンドに活路を見いだせないか」と思い悩んでいた。テレビを見た熊谷は「力を貸してほしい」と河野に連絡を取る。08年から再生が始まった歌登のホテルでは運営会社が変わり、それを機に河野も古里の北海道千歳市へ戻っていた。

熊谷は県ごとの縦割りを打破しようと、酒田の経済界に働き掛け、みちのくインバウンド推進協を設立。自らが会長に就き、河野を招いた。

バブル崩壊を糧に

河野は北海道の高校を卒業後、札幌市のホテルに就職した。だが、その選択は本意ではなかった。子どもの頃からの夢はレスキュー隊員。「人命を救う仕事に憧れた」

東京消防庁への就職が決まった卒業前、交通事故で目を負傷し、進路の変更を余儀なくされた。恩師が紹介してくれた就職先がホテルだった。

就職して程なく、日本はバブル経済に沸く。とりわけホテルなど観光業は好景気の恩恵を直接受けた。しかも、場所は道都の札幌。「他のホテルから『年収を100万円増やす』と引き抜きが激しかった」

夜空に響く祭りばやしにのって、ライトアップされた山車行列が通る。河野裕喜（左）の案内でルンナパ・カンパヤ（右）ら一行は夢中でシャッターを切り、260年以上の歴史をもつ新庄祭りを堪能した＝山形県新庄市

フロントから予約、レストラン担当、営業とホテルの仕事を一通り覚えた20代半ば、バブルがはじけた。観光客は激減し、収入も低迷した。「バブル経済の光と影を体験して『自分が経営者ならこうする』という思いを胸に秘め続けていた」

そして、40歳の節目で独立に踏み切る。肩書は「ホテル再生コンサルタント」。家族や友人の言葉は「そんな職業は聞いたことがない」「食べていけるの？」。

1年間は無収入。その後、札幌市のビル管理会社から打診されたのが歌登のホテル再生だった。日本人の集客に苦労していたところ、旅行会社が今回のモニターツアーにも参加したカンパヤを紹介してくれた。

旅は途中が命

歌登は北海道の玄関口である新千歳空港から300キロも離れている。これと言った観光資源もない。それでも、河野は「タイ人の人気観光地にできないか」と思案した。カンパヤから、タイ人が日本に求めるものを引き出していく。サケの解体ショー、すし握り体験、餅つき大会、和太鼓、茶道教室……。あらゆる日本の文化をホテルで体験してもらう「体験型」に行き着いた。冬には、かまくら体験や雪像づくり、そり滑り。

こうして、歌登へのタイ人観光客は08年の８人から翌年には３００人超に。13年には１２００人を呼び寄せた。タイ人の目線が鍵だった。

売り物はホテルのイベントだけではない。層雲峡や富良野などの名所を歌登までの行程に組み込んだ。河野は「旅は目的地だけでなく、その途中こそ命。全国には魅力のある観光資源が点在している。そこへの経路を組み込めば、大きな売り物がない場所でも、集客できます」と話す。

みちのくインバウンド推進協のツアーは16年春から始まり、これまでに訪れた外国人はタイ人を中心に５００人余り。季節ごとに見どころやイベントを変えた旅行商品を考案する。若き日の人を救う夢は「人を喜ばせる」仕事に変わった。インバウンド仕掛け人の挑戦が続く。＝２０１８年9月15日

（メモ）地方へ広がる人気

観光庁が２０１８年１月に発表した統計によると、17年の訪日外国人客数は前年比19・３％増の２８６９万人と過去最高を更新した。13年の１０３６万人から3倍近い増加。今年は3300万人と推計している。

国別では中国が最も多く７３５万人（前年比15・４％増）、次いで韓国の７１４万人（同40・３％増）。タイは98万人（同9・5％増）で、東南アジアではトップ。行き先は東京、箱根、富士山、京都、奈良、大阪を巡る定番ルートに加え、近年は兼六園（金沢）、飛騨高山（岐阜）、厳島神社（広島）など地方へ拡大。会員制交流サイト（ＳＮＳ）を通じた人気スポットも増えている。

第 8 章　SMAP 解散

「ＳＭＡＰ解散」路面電車で思い伝える

「再始動」切に願う声　購買運動、３００万枚

文・藤原　聡
写真・萩原達也

都電荒川車庫を黄色い電車が出発した。乗り込んだ約30人の女性が持つ乗車券には不思議な行き先が記されている。「終着駅・たったの50〜60年後もＳＭＡＰ（スマップ）」

２０１６（平成28）年末に解散した人気グループ「ＳＭＡＰ」のファンが、荒川線の路面電車を借り上げて18年9月16日に開催したイベントだ。主催した東京の会社員江原玉恵《えはら・たまえ》（50）は「世間の皆さんにＳＭＡＰのことを思い出してほしいと願い、走らせている」と話した。

沿道にアピール

車両の前面にメンバー5人（中居正広《なかい・まさひろ》、木村拓哉《きむら・たくや》、稲垣吾郎《いながき・ごろう》、草彅剛《くさなぎ・つよし》、香取慎吾《かとり・しんご》）を表す5個の星が描かれたエンブレム。窓の内側には、ＳＭＡＰの文字が躍るタオルや彼らの顔が印刷されたうちわが貼られた。早稲田―三ノ輪橋間を走行すると、気づいた沿道の人たちが手を振り、写真を撮る姿が見られた。

「ＳＭＡＰ都電」はこの日が5回目。初運行は16年9月9日、ＣＤデビューからちょうど25年の記念日だった。ジャニーズ事務所が「12月31日解散」と発表して1カ月もたっていなかった。

SMAP復活を願うファンが都電を借り上げ、イベントを開催。運行を前にした記念撮影で盛り上がった参加者たち＝東京都荒川区の都電荒川車庫

「何とかしなくちゃ」。解散の報に江原が思い立ったのが、路面電車を使って自分たちの思いを伝えること。車両を予約して仲間に声を掛け、エンブレムを手作りして駆け込みで開催したが、反響は大きかった。SNS（会員制交流サイト）を通じて広がり、その後、札幌、岩手、広島、長崎、熊本など各地で貸し切り電車が走るようになる。

首相も言及

昭和末の1988年に結成されたSMAPは、平成と歩みを共にした。シングルの総売り上げは2千万枚を超え、コンサートの観客動員数は累計1千万人を突破。世代を超えた人気から「国民的アイドル」とも呼ばれたが、最初から順風満帆だったわけではない。CDデビューの頃、テレビ各局は相次ぎ歌番組を打ち切り「アイドル冬の時代」と言われた。シングルは12枚目まで1位を獲得できなかった。

SMAPはバラエティー番組に活路を求める。お笑い芸人らとコントを演じた。ドラマや映画に次々と出演し、俳優としての評価も確立する。

「中居くんが体調不良なのにロケで頑張る姿を見て、真面目で仕事熱心だと感心した」と江原はファンになったきっかけを話す。「歌う場所が無くなり、他の分野で一生懸命やったのが良い結果につながったと思う」

フジテレビ系の冠番組「ＳＭＡＰ×ＳＭＡＰ」（スマスマ）には、元ソ連大統領のミハイル・ゴルバチョフや歌手のレディー・ガガら各界の著名人が出演。「夜空ノムコウ」が初のミリオンセラーになって以降、大ヒットを連発し、コンサートにはファンが殺到した。

江原はコンサートに魅了され、チケットが手に入れば全国どこへでも遠征したという。江原のイベントをサポートする歯科医滑川初枝《なめかわ・はつえ》（53）は、大阪や名古屋のコンサートへは東京から通った。「大阪でステージを見た後、泊まって翌朝の新幹線で東京の病院に出勤。勤務を終えると、また大阪へ向かった」

不動の人気を誇っていた２０１６年1月13日、一部スポーツ紙が「ＳＭＡＰ解散」と報じた。18日には「スマスマ」に5人が登場、騒動について謝罪する。「ただ前を見て進みたい」（木村）などの発言から解散はないとみられた。翌日の参院予算委員会で首相の安倍晋三《あべ・しんぞう》（64）は「グループが存続するのは良かった」と異例の発言をした。

ところが、ファンの希望はついえる。8月14日未明、事務所からマスコミ各社にファクスで「解散」が発表されたのだ。

生活の一部

1月の解散報道の直後からシングル「世界に一つだけの花」の購買運動が始まった。約２６０万枚だった売り上げ枚数を300万枚に引き上げ、解散阻止につなげる目的だ。03年の曲だがファンがこぞって購入し、メンバーの誕生日などにデイリーランキング1位を記録。12月に目標達成した。

一方、解散発表後にSMAP存続を求めるファンの有志団体が生まれ、1カ月余で37万3515筆の署名を集め、事務所側に手渡した。東京・亀有の「カメアリ座」で18年9月9日、江原らによる「スマコレ」が開かれた。ファンがSMAP関連のコレクションを持ち寄り展示する無料のイベントだ。デビュー前のポスターや全55枚のシングルなどが並ぶ。「戻って来て！」「待ってます！」。会場の白板には入場者の切実な思いが書き込まれた。

「SMAPは生活の一部」と滑川は言う。「空気のような存在で、無くてはならないもの」

解散後も5人の活躍は続いているが、ファンが望むのは、グループとしての復活だ。

江原は、解散はメンバーの意思ではなかったと思っている。「だから再結成という言葉を使いたくない。再始動してくれることを心から願っています」＝2018年11月3日

（メモ）スマノミクス

SMAPは、航空から食品まで幅広い分野の広告で強い印象を残した。CM総合研究所発表のCM好感度ランキングで2005年、男性部門でメンバー5人がトップ5を独占したこともある。

ファンはSMAPの宣伝する商品を競うように購入。アルバム、DVDの売り上げやコンサート関連の収益を合わせると、経済波及効果は絶大だ。安倍首相のアベノミクスに引っかけスマノミクスと呼ぶ企業関係者も。

解散後も、グループ復活を願ってSMAPのシングル購買運動が起きたり、5人がCMや番組で取り上げる商品が急激に売り上げを伸ばしたりするなど、市場経済への影響は続いている。

「漫画の隆盛と国際化」アフリカの目が描く日本

ネットで反響、本出版　社会の多様化が背景に

文・高山裕康
写真・堀　誠

東京都国立市の民家。蒸し暑い8畳間で、赤い帽子の黒人男性が液晶タブレットに新作漫画のペンを走らせた。母国カメルーンの赤土と緑のジャングルを背景に「魔女の館」が色鮮やかに描かれる。「この家に魔女がいるから注意して。アフリカには、そんな日常会話があるんです」と星野ルネ（34）が笑う。日本の永住権を持つアフリカ人の漫画家だ。

白い人の国へ

生まれたのはカメルーンの小さな村。40人ほどの住民が狩猟や畑作で自給自足する。日本人人類学者の父（65）が訪れ、母のエラ（61）を見初めた。エラには先夫との間の子である星野がいた。父は結婚を機に、エラと幼い星野を連れて日本に帰国。兵庫県姫路市のマンションで新生活を始める。

「日本のことは何も知らなかった。肌が白い人の国、父の国に行くんだと思った」

故郷の言葉はフランス語と部族語。日本語は分からなかったが、保育園の頃、初めて見たテレビアニメの「アンパンマン」に夢中になる。主人公アンパンマンの絵を描くと、友達ができた。「言葉が通じなくても仲良くなれる」。漫画が好きになり、日本語もすぐに上達した。

発売された単行本を両親に見せる星野ルネ（中央）。カメルーンで生まれ姫路城のそばで育った。家の中ではフランス語と日本語が交じり合う＝兵庫県姫路市

小学生だった１９９４（平成６）年末に発売された「週刊少年ジャンプ」が雑誌史上最高の部数、６５３万部を記録した。星野の少年時代は漫画の黄金期と重なる。

ジャンプの連載は次々とアニメ化された。「ＤＲＡＧＯＮ　ＢＡＬＬ（ドラゴンボール）」をテレビで見て翌日、同級生と語るのを心待ちにした。中学でバスケットボールを始めた時は、人気の「ＳＬＡＭ　ＤＵＮＫ（スラムダンク）」を友人宅で読ませてもらい、夢中になった。

高校まで周りに黒人はほとんどいなかったが、「言葉が話せるので露骨な差別は感じなかった。楽しい子ども時代だった」と星野は振り返る。

ツイッター発信

漫画家になるための競争の厳しさを知っていたため、職業として考えたことはなかった。高校卒業後は、兵庫県加古川市の工務店や姫路市の飲食店で働

いたが、「別の人生を生きてみたい」と25歳で上京する。

故郷でジャングルにいる動物を食べていた話が飲食店の客に受けたことが、テレビの放送作家やタレントとしてアフリカの経験を伝えるきっかけになった。その傍ら漫画をほそぼそと描き、大手出版社に数回持ち込んだが、いずれも不採用に。「才能がない」と思い、漫画家を諦めていた。

2018年3月、日記代わりに子どもの頃の思い出を残そうと、ツイッターに漫画を描き始めた。野生動物を食べる母国と生の魚介類を食べる日本との食文化比較などを相次ぎ発信する。「知っているつもりの日本を外から眺められる」と、ネットで反響が広がった。

姫路市で過ごした少年時代の出来事もユーモラスに描いた。「入学式。生徒の目に飛び込んできたのは、民族衣装に身を包んだ僕の母親」「運動会は緊張した。黒人全体が運動神経がいいわけではない」

アフリカ人の目で見た日本の姿が評判となり、4万人を超すフォロワー（読者）を獲得。単行本「まんがアフリカ少年が日本で育った結果」として8月に出版された。

「日本がアフリカについて抱く印象は、いまだに『遅れた社会』。自分は両方の考え方が分かるから、漫画で実情を伝えたい」と星野は言う。

今は、ほぼ毎日未明に起床して、約2時間かけて携帯電話の「ネタ帳」に保存していた話題を漫画にしてツイッターに載せている。

文化として輸出

漫画の世界は激動した。平成が終わりに近づくにつれて少子高齢化で子どもは減少、ジャンプの発行部数は２００万部を割り込んだ。

一方で漫画は日本の代表文化として輸出され、忍者を主人公にした「ＮＡＲＵＴＯ―ナルト―」などがアジアや欧米で熱烈なファンを生み出した。芸術としてパリのルーブル美術館で展示された作品もある。

大人の読者が増えて、テーマも古代ローマ風呂や海上保安官、ヤミ金融など百花繚乱《りょうらん》。媒体の変化もある。17年、単行本の市場規模で、電子版が紙を上回った。

急速に国際化し、外国人の活躍が当たり前になった日本社会の変化も、漫画家としてデビューできた背景にあると、星野は思っている。

「以前は日本人から『本当に肌が黒いんだね』とか、ステレオタイプな質問をされることがあったが、最近はアフリカの文化を聞かれることが増えてきた」

20年の東京五輪が迫る。これまで自分のために描いていた漫画が、日本人が異文化と向き合う新時代の役に立てればと星野は願っている。「関西人だから」と、作品に笑いの要素を入れることも忘れずにいるつもりだ。＝２０１８年９月１日

（メモ）海外版権ビジネスに期待

全国出版協会・出版科学研究所によると、１９９５年に約５９００億円だった国内の漫画出版の市場規模は、縮小の一途をたどっている。しかし京都精華大マンガ学部客員教授の中野晴行《なかの・はるゆき》（63）によると、キャラクターグッズの商品化や映像化などでの関連市場は形を変えながら膨らんでおり、海外での版権ビジネスが、市場を開拓していく可能性があるという。

子ども時代にテレビで日本のアニメを楽しんでいた欧米やアジアなどの若者が大人となって漫画や関連商品を購入したり、コスプレ行事に参加したりしている。作り手となる漫画家も、欧米だけでなくアジアや旧ソ連圏にも広がっている。

文・久江雅彦
写真・藤井保政

「スマホ依存」人間の五感取り戻す

仮想空間に危機感　自然へ再接続促す

岐阜県関市を流れる板取川流域の「すぎのこキャンプ場」。36度を超える猛暑でも清流は冷たい。

２０１８（平成30）年7月半ば、この深山の渓谷で催されたのは、一般社団法人「日本デジタルデトックス協会」が企画したイベントだ。スマートフォンやパソコンなどデジタルに依存する日々から解放され、デトックス（解毒）する。代表理事の石田国大《いしだ・くにお》（38）は「人間の五感を取り戻したい」と協会を立ち上げ、デジタル依存からの脱却を追求している。

時間をぜいたくに

「それでは皆さん、スマホやｉＰａｄ（アイパッド）、携帯電話、腕時計をこの封筒に入れてください。ちょっと不便に感じるかもしれないけれど、体から離して存在を忘れると、そのうち自由と解放感を感じると思います」。石田は「回収セレモニー」で呼びかけた。デジタル機器は1泊2日のキャンプが終わるまで、主催者が預かる。

参加者は名古屋市や岐阜県から集まった20人で、ＩＴ関連会社の社長や会社員、主婦らさまざま。小学

イベント参加者から時計やスマホなどのデジタル機器を封筒に入れて回収するセレモニー。サインボードを持つのは主催者の石田国大＝岐阜県関市

生２人も親に連れられやって来た。

実名ではなくニックネームを書いた名札を着ける。仕事の話はしないのがルール。心と体の解放が目的だから、自由気ままに過ごす。ハンモックに揺られる人。渓流で泳ぐ人。山の中腹にある滝を見に行く人……。食事は釜で焼いたピザ。夕刻にはインド音楽のコンサートの音色が響いた。夜は満天の星を仰ぎ見る。

名古屋から来た30代の主婦は「いつもは無意識にスマホに手がいってしまう。最初は手元になくて不安だったけれど、自然そのものを再認識した。せみ時雨と野鳥のさえずり、滝の音はＢＧＭのよう。時間をぜいたくに使うことができました」。

職場の違和感

石田は名古屋の高校を卒業後、21歳の時にウェブサイトの制作会社を創立した。その人生の軌跡は、ちょうどアナログからデジタルへの転換が急速に進んだ歳月と重なる。社員も10人を超えて売り上げも順調に伸びていた08年秋「もう一度、自分の生き方を探したい」と思い立つ。会社を知人に譲り、東南アジア、ハワイ、オーストラリアへとバックパックの旅へ出た。

カンボジアで地方の村を訪れた時のこと。牛で田んぼを耕す風景。水くみをする子どもの笑顔…。大家族で助け合いながら生きる人々の生活を間近に見た。経済的には豊かでなくとも、どこか充実しているように映った。それは、経済的な豊かさを追い求めてきた自らの姿とは対照的だった。

この地から石田はパソコンや携帯電話、デジタルカメラを名古屋市の実家へ送り返した。「その後は、なぜか旅そのものに頭も心もフォーカスできるようになった」。1年半の放浪の旅を終えて名古屋へ戻る。

自分の立ち上げた会社を再び経営するよう打診されて引き受けた。仕事とはいえ、20人近い社員が常にパソコンと向き合っている職場の光景に違和感が募った。

「人間がコンピューターを使っているのか、それともコンピューターが人間を使っているのか……」。導き出した答えは「人間とデジタルの共存とバランス」だった。

本来の姿

そして14年、外国のトピックスを掲載する雑誌で一つの記事と巡り合う。舞台は米カリフォルニア州北部の農場。ネット依存のストレスから解放されるために「デジタルデトックス」という名のセミナーが開かれている。参加者はデジタル機器や時計を預け、3日間のオフライン生活を送っているという内容だった。

自分の抱いてきた思いが体現されていた。石田は2人の社員と連れ立ち、渡米した。

主催者の言葉は「ディスコネクト・トゥ・リコネクト」。つながるために断ち切るという意味で、デジタルデトックスにより人間同士の直接の結びつきが逆に強まっていくことを表す。

石田は「一緒にいる人よりもＬＩＮＥ（ライン）でのやりとりを優先させたり、現実を楽しむよりも写真共有アプリ『インスタグラム』での写り方を気にしたり。こうした仮想空間の閉ざされたつながりからの解放で見えてくるものがある」と考えている。

米国のセミナーで、その志向に共鳴した石田は「日本でも普及させたい」と16年7月に日本デジタルデトックス協会を設立した。同じ問題意識を持っていた岐阜県養老町のウェブ企画会社代表、森下彰大《もりした・しょうだい》（26）が加わり、二人三脚で活動する。

理念は「人類を自然に再接続する」。これまでにキャンプやたき火など4回にわたり、デジタルデトックスのイベントを開いてきた。

石田はスマホなどデジタル機器の普及を否定しているわけではない。「便利なスマホの反動で、人は自分の頭で考える力を失いつつある。もう一度、自然と向き合うことで本来の人間の姿を取り戻していければと思う」＝２０１８年８月11日

（メモ）７割超の利用者が自覚

２０１０年代からスマートフォンが携帯電話に取って代わり、いつでもどこでも、やりとりでき、調べられるようになった。一方でスマホへの依存が問題視され始めた。

民間調査会社「ＭＭＤ研究所」が16年、スマホを持つ15～59歳の553人を対象に調査した結果、スマホに「かなり依存」が18・8％で「やや依存」の52・6％と合わせ71・4％もスマホ依存の自覚があった。年代別では、10代が21・6％、20代が26・4％、30代では21・8％が「かなり依存」と答えた。

厚生労働省の12年度の調査では、ネット依存症の恐れがある中高生は約52万人と推計され、12人に1人の割合だった。

「出版不況」本作りに手応え、充実感

地方から思いを込めて　ネット絡み一条の光に

文・西出勇志
写真・堀　誠

家庭の事情で東京の出版社をやめる編集者の西浩孝《にし・ひろたか》（36）にはどうしても出したい本があった。会社のホームページで編集を担当していた連載だ。ただ、売れ筋の内容ではなく、企画を通すのは難しい。取次ルート経由の出版販売額は、２０１６（平成28）年には20年前のピークから半分近くにまで落ち込んでいた。

退職後、家族と共に転居した長崎市で、西はこの本を出すべく出版活動を始めることを決意。17年、一人で「編集室　水平線」を立ち上げた。思いを込めて刊行したのは木村哲也《きむら・てつや》著「来者（らいしゃ）の群像」。詩人の故大江満雄《おおえ・みつお》と交流したハンセン病患者を著者が訪ね歩き、知られざる戦後史や文学史、社会運動史を明らかにした。好意的な書評が多く、版も重ね、高知出版学術賞特別賞も受けた。出版不況の中で近年、注目を集める「ひとり出版社」の新たな誕生だった。

ネットの力

当初は自費出版を考えた。コンピューターソフトを使えば、費用は印刷と製本代で済む。調べると、書籍を識別する番号のＩＳＢＮなどは個人でも取れることが分かった。番号を取れば、インターネット通販

家族と長崎市に転居し一人で「編集室　水平線」を立ち上げ刊行した本を手にする西浩孝＝長崎市

大手アマゾンで本を扱ってくれる。

本にしたい原稿がほかにもあった。やるかぎりは持続させたい。「私の場合、会社や組織ではないので『ひとり出版社』というより『ひとり出版者』。実際、作業も在庫保管も家ですから」

出版直後はホームページの作成にまで手が回らなかった。著者から献本を受けた人が本の奥付を撮ってツイッターに投稿した。すると、その日のうちに２人から連絡が来た。西にとってネット社会の力が身に染みた出来事だった。

「本作りに手応えと充実感があった。ツイッターを見た人からの注文は本当にうれしかった」

葛藤と不安

富山県で育った。本をあまり読まない、陸上少年だった。中、高校は短距離走に打ち込み、中学では県トップクラスの好成績を残した。大学から本格的に本を読み始めてマスコミを志望、自分の本棚にある本の出版社をネットで検索して応募し、その中の社会科学に強い出版社に合格した。

仕事は充実し、学者やライターとの交流も広がった。研究会で顔を合わせるようになった友澤悠季《ともざわ・ゆうき》（37）と親しくなり、12年に結婚。彼女は公害・環境思想史の研究者で、当時は非常勤だったが、妊娠が分かった後、長崎大に就職が決まった。

16年3月に長男が生まれた。妻の大学の仕事が始まる直前の9月に長崎に引っ越し、西は会社をやめる。家庭の事情だけではない。出版不況が深刻化し、企画が通りにくくなっていたのも理由の一つだ。しかし、編集の仕事は肌に合い、会社は変わっても編集者は続けたいと考えていた。

出版社が密集する東京を離れるのには葛藤があったが、仕事のために別居し、妻と生まれたばかりの子どもが全く知らない土地で2人だけで暮らしていくことは考えられなかった。

妻が働き始めた10月から家で子どもと過ごす日々。知り合いはいない。ハイハイをするようになって目が離せなくなり、机で物書きをするのも難しくなった。「思うようにいかない。どうなるんだろう」。何とかつてを頼って、フリー編集者として少しずつ働き始めた。間もなく保育園に子どもを預けられるようになり、ひとり出版社は本格的に動きだした。

「会社ではないので資金繰りはない。フリー編集者として生活費と資金を稼いだ上で活動したい。長崎にいるので、原爆の本は出したいですね」

新しい芽

優れた人文書を数多く手がけた編集者で、出版社トランスビュー設立者の中嶋広《なかじま・ひろし》（65）は「地方でひとり出版社を立ち上げた功績は大きい」と西の活動に期待を寄せる。現在はコンピューターソフトの発達でどこにいても一人でかなりのことができる時代。「西さんは新しい芽。評判になる本を出し、ネットとうまく絡めば一条の光になる」

地方にいて出版界の動きを実感しにくい寂しさはあるが、東京にいる時は出版界を覆う沈滞感、疲弊感が気になっていた。物理的に離れて「自分は自分。そんな思いが強くなりました。本は小さくて、遅いメディア。ゆっくりでいいのかな」。自らの本作りの輪郭がはっきりしてきた。

故郷の町も、今住む場所も海がある。「水平線」はそこから名付けた。出身中学には、郷土出身作家の堀田善衛《ほったよしえ》が作詞した歌があった。港町らしく歌詞に「広い世界」が出てくる。水平線の向こうの広い世界を想像し、知らない場所とつながっているという思いが、西の心を自由にした。

「編集室　水平線」のホームページに西はこう書いた。「海が大地をむすぶように、言葉は人をつないでいく。そう信じて、ささやかではあっても本をつくり、まだ会ったことのない誰かに向けて、世に送りだしていきたい」＝2018年9月29日

〈メモ〉販売額は13年連続減

出版界は厳しい不況が続いている。出版科学研究所の2018年版「出版指標年報」によると、書籍と雑誌を合計した17年の出版物の推定販売金額は前年比6・9％減の1兆3701億円。減少幅は過去最大で、13年連続のマイナスとなった。

業界全体が好転する兆しは見えないが、書籍に関する新しい動きの一つが「ひとり出版社」。

編集から組み版まで対応できるコンピューターソフトの発達で、場所を選ばず少人数でも出版活動が可能になり、ネットによって販路も大きく開けた。茨城県つくば市の「夕書房（せきしょぼう）」など、ユニークな本づくりで注目を集める「ひとり出版社」がいくつも出てきている。

「難民中高生」居場所ない少女支える

大人に気付いてほしい　渋谷さまよった過去

文・池谷孝司
写真・萩原達也

東京・渋谷のセンター街。ネオンの下、ぼーっと座る少女に仁藤夢乃《にとう・ゆめの》（28）が優しく声を掛けた。「高校生？困ったら連絡して」。街を巡回し、千人以上の女子中高生の相談を受けてきた。もらった名刺を頼りに2年後に連絡した子もいる。

２０１１年に支援団体「コラボ」（東京）を設立。シェルターに泊め、食事を出す。夜の街を回るツアーも企画、少女の厳しい現状に気付ける大人を増やそうとしている。

高校時代は家に帰れず、若者が集まる渋谷で過ごした。居場所のない経験を「難民高校生」として出版、注目された。

夢なんてない

仁藤は平成と共に生きてきた。１９８９年（平成元）年生まれ。90年代、生徒の下着を売るブルセラショップができ、ルーズソックスの少女の売春が「援助交際」と呼ばれて問題化。18歳未満との「みだらな性行為」を禁じる条例が各地で制定され、２００５年3月、東京都も条例を改正した。

高校時代、居場所を求めてさまよった東京・渋谷のセンター街で「女の子たちの厳しさは今も当時と変わらない」と話す仁藤夢乃

仁藤はこの頃、中学を卒業。ネットカフェやビルの屋上で寝泊まりし、やがて、ほぼ毎日を渋谷で過ごす。「夢なんてないから名前が嫌で。いつも死にたいと思っていた」

父が母を常に支配しようとし、思い通りにならないと「貴様」と声を荒らげる家庭だった。「亭主関白だから」と母はいつも愚痴をこぼした。そのストレスは娘に向く。

幼い頃、よく閉め出された。近所の人に注意された母は泣いていた。「今になって母は私を虐待していたと思うんです」。単身赴任先から帰った父に反抗して部屋にこもると、父はドアを外した。家にいたくなかった。

16歳の時、センター街で、制服姿で友達と話していると、30代ぐらいの男が紙コップを出した。「唾を吐いて。５千円あげるよ」。友達が冗談半分で吐くとサイダーで割って飲んだ。５千円はカラオケ代に消えた。次々に声を掛けられ「おじさんにやられないように」身を守る毎日だった。

初めて学ぶ

両親は離婚し、高2で中退。高校卒業程度認定試験を目指し、中退者らが対象の予備校「河合塾コスモ」に通うが、授業に出ず夜遊びを続けた。

そんな時、講師の一人で60代の牧師、故阿蘇敏文《あそ・としふみ》と出会う。阿蘇は畑仕事をする風変わりな「農園ゼミ」を開いていた。ミニスカートとハイヒールの仁藤を面白がり、初めて対等に向き合ってくれる大人だった。

当時の感想文。「のうえん。楽しかった。虫。ゆめの」。文章が書けなかった。

阿蘇の支援活動に同行したフィリピンで見たのは、日本名の名札の女性に「いくら？」と声を掛ける日本人。渋谷と同じ光景だった。

「あいつら、ここまで来てるんだ！」

なぜ渋谷とフィリピンで同じことが起きるのか。社会を知る必要を痛感し、初めて意欲的に学んだ。思いを志望理由にまとめ、小論文と面接で明治学院大の入試を突破した。阿蘇が教えてくれたのは「一緒に考え、経験すること」だと仁藤は言う。その「一緒に」は「コラボ」に生きている。

性の商品化

「今も私たちの頃と何も変わらない。性の商品化はむしろ進んだ」

秋葉原を中心に「リフレ」「散歩」の名目で男を接客する「JK（女子高生）ビジネス」の店が乱立。少女を食い物にし、性被害の温床になる。

「ＪＫは元々、買春する人の隠語。下心のあるキモいおじさんや風俗店のスカウトに負けずに支援しないと」

規制を訴える仁藤の運動は結実。昨年７月、東京都条例で18歳未満の接客が禁止され、制服の少女は街から姿を消した。

「それでも行き場のない子を買う大人はいる。見えにくくなっただけ。補導されて『家に帰れ』と言われても帰れない」

今は深夜、年齢確認が厳しくなり、ファストフード店にも入れないためますます居場所がない。

「すべての少女に衣食住と関係性を」が合言葉だ。「我慢せず『助けて』と言えるようになってほしい」と願う。

神奈川県座間市で９人の切断遺体が見つかった事件では、被害者のうち３人が女子高生だった。近くに相談相手がいれば、と思う。「弱みにつけ込まれたのだろう。声を聞こうとした大人がどれぐらいいたのか」

コラボに集まる少女が企画した「私たちは『買われた』展」を16年から支える。児童買春に至る経験を記すパネルや写真を並べ、東京や静岡、沖縄などで実情を訴えた。

（メモ）児童買春をめぐる動き

女子中高生の性をめぐる問題は1993年ごろから大きな話題に。アダルトビデオ出演を勧誘したとして警視庁が業者を逮捕し、女子高校生ら101人を補導。ブルセラショップも摘発された。

東京都は97年、18歳未満の子どもに金品を与えて「買った大人」を罰する買春処罰規定を青少年健全育成条例に盛り込む。99年には児童買春・ポルノ禁止法が成立し、「援助交際」が法律でより厳しく罰せられるようになった。

2005年には再び都条例が改正され、金品が介在しない「みだらな性行為」も禁じられた。全国で最後まで処罰する条例がなかった長野県も16年に制定した。

「援助」する振りをする大人の支配や暴力を断ち、真の支援につなげたい。仁藤はバスを拠点に声掛けし、食事や必需品を提供する計画を進める。支援する作家桐野夏生《きりの・なつお》は「実際に街で少女に手を差し伸べるのは大変。信念と行動力を心から尊敬する」と評価する。

目標はまだ高い。「親と程よい距離を置きながら、安く住めて働ける場が必要。自立へのステップにしたい」と目を輝かせた。＝２０１８年１月20日

「井上ひさしの遅筆堂文庫」故郷に寄贈した22万点

地方と中央の関係問う　「過去を軽んじるな」

文　・木下リラ
写真・浅川広則

扉を開けると、「本の樹」が目に入る。全国のファンから寄贈された本で埋まる高い棚だ。編集者が原稿の完成を待った応接セットの実物もあり、ソファに座って読書する人もいる。

作家井上《いのうえ》ひさし（故人）の蔵書約14万冊やスクラップなど計約22万点を収めた山形県川西町の「遅筆堂文庫」。１９９４（平成６）年に開館した複合施設「川西町フレンドリープラザ」の中核を占める。併設の劇場では本格的な演劇やコンサートも開かれ、良質の文化を提供している。

井上は、小さな町の若者や職員らがこうした施設を造ったことを「奇跡」と呼び、文化を中心に人々が集う場が日本各地にできることを願った。

地球の中心

「作品を書くために、どんな分野の本からどれだけの知識を得ていたか、井上さんの思考回路が見えてくる」。遅筆堂文庫の指定管理者代表、阿部孝夫《あべ・たかお》（63）は話す。

蔵書には書き込みや付箋が残されている。感心した表現に傍線が引かれ、辞書の見出し語への意見もある。

それらを読むと、巧みな言葉遣いとユーモアで知られた「昭和の戯作者《げさく》」の創作過程に触れることができる。

井上は34年、雄大な山々に囲まれ、水田が広がる置賜《おきたま》盆地の小松町（現川西町）で生まれた。井上作品のファンだった同郷の阿部は82年、高校時代の新聞部の仲間らと一緒に、井上を町に招いて講演会を開き、交流が始まった。

井上は86年の離婚を機に、半生をかけて集めた蔵書の整理を決意した。講演会の企画メンバーが「一部を預かり、町に小さな図書館を造りたい」と打診すると、全ての蔵書の寄贈を申し出る。

翌年、町の農業センターの一角にオープン。蔵書の運搬や資金集めに、阿部ら地元の青年たちと町職員が奔走した。名称は、良い作品を生み出すため執筆が遅れることを自戒した号「遅筆堂」に由来する。井上の戯曲が書き上がらず、開演日に間に合わなかったことも何度もあった。

「遅筆堂文庫は置賜盆地の中心にあり、置賜盆地はまた地球の中心に位す」。文庫入り口にある井上自筆の「遅筆堂文庫堂則」の書き出しだ。堂則はこう続く。「我等はこの地球の中心より、人類の遺産であり先人の智恵の結晶でもある萬巻の書物を介して、宇宙の森羅萬象を観察し……」

阿部は「時代に流されず本を材料にして知恵を付ければ、地方でも問題を乗り越えられるというエールだった」と言う。

中央集権を風刺

この頃、減反政策に翻弄《ほんろう》されてきた日本の農村は、コメ自由化の荒波にのまれようとしていた。川西町の主産業も農業から製造業やサービス業へと移りつつあった。

井上ひさしの蔵書などについて話す阿部孝夫。「遅筆堂文庫」の入り口の書棚には本人が寄贈した本が並ぶ。右奥は「本の樹」＝山形県川西町

文庫では88年から毎年1回、主に農業をテーマにした勉強会「生活者大学校」を開催。全国から参加者が集まる。井上は20年間校長を務めた。

地方と中央との関係は、井上作品の主要テーマだ。小説「吉里吉里人《きりきりじん》」では、方言や笑いを盛り込みながら歴史的に軽視されてきた東北の人々の怒りや自尊心を描き、中央集権を風刺した。

東北の一地区が「吉里吉里国」を名乗り、日本からの独立を宣言する物語。食料とエネルギーは自給自足で、弱い立場の障害者を議員にする。租税回避地にして世界中から資金を収集。あの手この手で国づくりを進め、日本政府を翻弄《ほんろう》する—。

「吉里吉里人は、井上さんの考えが集約している。自分で考えて生きろ。お上《かみ》の言うことに流されるな。そういうメッセージが込められている」

残酷な時代

48歳の時に立ち上げた劇団「こまつ座」は今も根強い

人気を誇る。井上作品の演出を数多く手がけた栗山民也《くりやま・たみや》（65）は「いつ読んでも、できたばかりの現代劇のように新しい。どの時代にも通じる普遍性と未来を見透かしていたかのような予言性を感じる」と評価する。

広島、長崎への原爆投下や沖縄戦など、戦争の問題に終生向き合った井上。病床で書き続けたノートの最後のページには、東京裁判を題材とする戯曲のキャッチコピー案が残っていた。

「いつまでも過去を軽んじていると、やがて未来から軽んじられる」

井上をよく知る栗山は、最近の政府による公文書の改ざん問題を挙げ「記録や記憶をなくす。こんな残酷な時代はない」と語気を強める。

75歳で死去した約1年後、東日本大震災と東京電力福島第1原発事故が発生。中央の繁栄を支えるため電力を送り続けた東北の人々が、故郷を追われるという理不尽な結果を招いた。

「井上さんは『危惧していたことが起きた』と思っただろうが、それ以上にショックを受け悲しんだはずだ」と阿部は話す。生きていたら、どうしただろうか。「本をとりでに、言葉と知識で反撃ののろしを上げる。そういう静かな戦い方が、世の中を変えると信じた人だった」。＝2018年8月4日

（メモ）子ども向けの憲法絵本

井上ひさしは生涯、護憲の立場を貫いた。第2次世界大戦の惨禍を教訓に「戦争の放棄」などを規定した憲法9条を基にして、対話による紛争解決を外交の基本にするべきだと主張した。

2004年に発足した「九条の会」では、大江健三郎《おおえ・けんざぶろう》、鶴見俊輔《つるみ・しゅんすけ》ら9人の呼び掛け人の1人になる。自民党が主導する憲法改正の動きに対しては「戦争をする国」になると批判を続けた。

井上が文章を書いた絵本「子どもにつたえる日本国憲法」（絵・いわさきちひろ）は、憲法の前文と9条を子どもにも読めるやさしい言葉に〝翻訳〟した内容。大きな反響を呼び、今も読み継がれている。

第9章　日本人大リーガー

「日本人大リーガー」「NOMO」が開いた道

日本球界の転換点に　選手会ストも後押し

文・楠　晃郎
写真・伊藤暢希

歯科技工士の大屋博行《おおや・ひろゆき》（53）は、大阪府南部の自宅でテレビを見ながら泣いた。1995（平成7）年7月12日朝、米テキサス州アーリントンから生中継で届いた大リーグ・オールスター戦。マウンドにはナ・リーグの先発投手、ドジャースの野茂英雄《のも・ひでお》（50）がいた。

「独りで道をつくった彼への感動の涙」と大屋は明かす。米国の高校に留学中、投手として活躍しマリナーズから誘われた。「でも勇気がなかった。手の届かない夢の場所と尻込みした」。帰国後、日本でプロを目指したが、けがで諦めた。野球と縁を切ったはずの大屋はやがて、「NOMO」が巻き起こした「トルネード」の渦に飛び込む。

覚悟

米球宴の半年前、野茂は「プロに入った時から大リーグでやりたい夢を持っていた。今だと思って決めた」と語り、近鉄を電撃退団した。

新人から4年連続最多勝右腕は日米野球出場や米国流のトレーニングを導入したコーチを通じ、憧れを

京セラドーム大阪で米国から訪れたロイヤルズのスカウト（左）とプロ野球の試合を観戦に訪れた大屋博行＝大阪市西区

募らせる。藤井寺球場のロッカーに大リーガーの野球カードを張り、夢を温めていた。

94年は右肩を痛め、８勝どまり。調整法を巡る首脳陣との対立や同僚投手の相次ぐ放出もエースを不安にさせた。フリーエージェントで移籍の自由を得るのはまだ先だ。野茂は任意引退を選び、近鉄が認める異例の形で日本を飛び出した。

米挑戦を想定した明確なルールがなく、抜け穴を利用した「わがまま」とも言われた。だが故障を抱え、新天地で成功する保証はない。大リーグは労使紛争で94年夏からストライキが続いていた。野茂はサラリーマンに戻る覚悟もあったという。

30年ぶりの日本人大リーガーは13勝を挙げ、新人王に輝いた。野茂が本拠地ドジャースタジアムで投げると観客が10％以上増えた。年俸は近鉄時代の約15分の1。「金持ち同士のけんか」とストに辟易《へきえき》したファンには、風変わりな投げ方で三振の山を築く働き者の異邦人が救世主に見えた。

天職

「（95年1月の）阪神大震災の影響で歯の治療どころではなくなり、技工士の仕事が激減した」とゴルフ用品店を始めた大屋に97年秋、留学時代の監督から電話が入る。娘婿が新球団ダイヤモンドバックスのスカウトになるから「ヒロ、仕事を手伝ってくれないか」。

野茂を追って伊良部秀輝《いらぶ・ひでき》（故人）らが渡米し、日本選手に対する関心が一段と高まっていた。「子どもたちに夢を与える橋渡しになれれば」と日本駐在スカウトに。英語の名刺を渡しても初めは門前払いされたが、早朝から球場に通い、顔見知りになった関係者から情報が集まりだした。

その後ブレーブス、今季からロイヤルズに移り、厳しい競争社会に20年以上身を置く。年約３００試合観戦し、週末はボランティアで中学生を教える大屋は「いい選手を見るとわくわくする私には天職」と言い、未来の〝ダイヤモンド〟に目を凝らす。

日本人大リーガーはこれまでに約60人を数え、メジャーの15球団前後が日本にスカウトを置く。マイナーリーグからはい上がろうとする選手や、大リーグで最新のスポーツ医科学や球団経営を学ぶ若者も増えている。

大屋は「米国を目指す流れは止められない。一方で環境になじめず、去っていく選手も多い。甘い言葉で近づき、自分の金もうけを考える代理人や同業者もいる」と警鐘を鳴らす。

転機

サッカーや大リーグに押され、野球人気に陰りが見えた99年暮れ、労働組合・日本プロ野球選手会は「プロ野球の明日を考える会」と題したシンポジウムを東京で開催した。パネリストに招かれた野茂が口火を切った。

「選手が独りで悩んでいる時、力になるのが選手会の役目ではないか」「何かを打破するにはみんなが団結して、行動しなければいけない」。孤立無援だった渡米時の経験に基づく提言に会場はざわついた。

危機感を持った選手会長の古田敦也《ふるた・あつや》（53）＝ヤクルト＝と翌年から事務局長に就く松原徹《まつばら・とおる》（故人）は選手の声を吸い上げるため、各チームを回った。組織の強化に奔走する中、２００４年にオリックスと近鉄の合併に端を発した球界再編騒動が選手会を襲う。

国際化や市場拡大の波に背を向け、球団削減に進む経営者側。話し合いの場を求める古田を、巨人オーナーは「たかが選手が」と切り捨てた。選手会の団結は揺るがず、９月18、19日に史上初のストを実施し、２リーグ・12球団制を守った。

事務局長の森忠仁《もり・ただひと》（56）は「野茂の〝選手を独りにするな〟は選手会の活動を見直し、対話を重視する転機になった」と振り返る。平成の野球界で大きな転換点となった大リーグ挑戦と選手会スト。重い扉を開けただけでなく、一本の道でつないだのも「ＮＯＭＯ」だった。＝２０１８年11月10日

（メモ）メジャー選んだ16歳

大リーグ・ロイヤルズは7月、大阪の中学を卒業したばかりの投手結城海斗《ゆうき・かいと》（16）と7年契約を結び「甲子園よりメジャー！」と話題になった。大屋博行《おおや・ひろゆき》が、その仕掛け人だ。

190センチ近い長身右腕で強豪高校からも誘われたが、大屋は「2年半の高校野球で開花するとは限らない」と説明。本人も練習環境の整った大リーグでじっくり鍛えた方が近道と考えたという。

大屋がスカウトした日本のアマチュア出身選手でメジャーに昇格した者はいない。「いつか、俊足、強肩の外野手を大リーグに送りたい」。ワゴン車にスピードガンなどの〝七つ道具〟を積み、原石の発掘に忙しい。

「神戸製鋼7連覇」ミスターラグビーの偉業

練習週2回、意欲高める　外国人起用で時代先取り

文・高村　収
写真・藤井保政

昭和天皇ご逝去で時代が平成に変わった2日後の1989（平成元）年1月10日、東京都港区の秩父宮ラグビー場。第41回全国社会人大会決勝で、25歳だった主将平尾誠二《ひらお・せいじ》（故人）が率いる神戸製鋼は東芝府中に23―9で勝ち、悲願の初優勝を果たす。背番号10のスタンドオフで出場したのが日本ラグビー協会の広報部長を務める藪木宏之《やぶき・ひろゆき》（51）。今は亡き平尾と公私で行動を共にした。日本選手権7連覇の偉業を遂げ、ラグビー界を変えていく歴史が始まった。

強制から脱皮

監督を置かず自主性を重んじたチームで、主将1季目の平尾は画期的な練習方法を導入した。全体練習をわずか週2日にしたのだ。明治大出身で、88年4月入社のルーキーの藪木は「これでは試合ができないのでは」と衝撃を覚えた。藪木は後に、平尾の英国留学時代のやり方だと聞いた。全体練習は少ないが、集まった時はハードで濃密。選手は常に意欲が高い状態で練習に臨んだ。

神戸製鋼も同じ状況となった。藪木は「平尾さんは、きついことが大好きだった。本人も顔を90針くら

い縫い、足の爪はプレー中に踏まれてほとんど真っ黒だった」。厳しい練習でチーム力は上向く。初の社会人日本一になった後、日本選手権では大東文化大を圧倒して初制覇を達成した。

強制的な練習からの脱皮。藪木は「他のチームもその傾向になり、ラグビー界が徐々に変わった」と胸を張った。

藪木はこのシーズンの11月、背番号９のスクラムハーフからスタンドオフへの変更を平尾に告げられた。理由は説明されなかったが「ミーティングで『今季は藪木と心中ですわ』と平尾さんに言ってもらい、気持ちがすごく楽になった」。俊敏さを誇る藪木は速い攻撃を支え、レギュラーの座をつかむ。

平尾誠二と藪木宏之が通った神戸・三宮の「マイバー」。いつも通ったカウンター席には遺影と特製のガラスに入ったいつものハイボールが、壁には平尾⑫と藪木⑩のユニホームが仲良く並んでいる

創造的破壊

個人的に親しくなったのが２季目の89年４月。初めて食事に誘われた。神戸から大阪まで電車で移動してステーキを食べ、２軒目へ流れた。翌日も食事に。以降、

自動車を運転しない平尾のために運転も任され、車中で世間話に花を咲かせた。

チームは「創造的破壊」を繰り返した。藪木も平尾の助言を受け、パスにおける腕の振り幅をコンパクトにするため、ロープで腕を体に巻き付けて球を投げる独創的なトレーニングを積んだ。個々の能力を上げることで連覇の道を突き進む。

異変があったのは7連覇目のシーズンだった。主将代行の平尾に新日鉄釜石の大記録に並ぶプレッシャーなどがのしかかる。「いつもだったら車中、あほな話をしたけど、黙っていることが多かった」と藪木。日本選手権の前に社会人日本一を決めると、平尾は表彰式で珍しく涙を流した。

95年ワールドカップ（W杯）南アフリカ大会でニュージーランドに17―145で大敗するなど、日本代表の低迷が続いた。平尾は再建の切り札として97年、34歳で代表監督に就く。外国出身選手を積極的に起用し、批判も浴びた。藪木は「平尾さんには外国人選手という概念はなかった。強い代表にふさわしい選手を選出しただけ」と言う。すぐには結果が出ず、平尾は２０００年に代表監督を辞任した。

それから15年後。日本代表が南アフリカから大金星を挙げたW杯イングランド大会では、多くの外国出身者が活躍した。平尾は時代を先取りし、躍進に道筋をつけた。その快挙の際、平尾からの言葉を藪木は鮮明に覚えている。「ようやったな日本。でも藪木、これからが大事や」。人気定着には長期的な視点が必要だと説かれた。

受け継ぐ信念

同じ15年9月、平尾からがんに侵されていると知らされた。「俺なあ、けっこう血を吐いたんや」と電話があった。翌月「これも一生の付き合い。しゃあないわ」と言われた。藪木には感じるところがあった。「あの人から『しゃあないわ』が出る時は、うまく説明できない事柄に対して自分自身をごまかしたりするサイン」と明かす。嫌な感覚は現実になった。

会社で広報畑を歩んでいた藪木が、ラグビー協会広報部長のポストを紹介されたのは平尾からだった。「世界を相手に仕事をしろ。そして協会の求心力になれ」。そう背中を押され、16年４月に現職に就いた。平尾はその年の10月、永眠した。53歳だった。

藪木は平尾の信念を受け継ぐ。「あの人の根底に、ラグビーを生活や文化に溶け込ませないと駄目という考えがあった」。昨年、故郷の山口県長門市で女子チームの発足に尽力した。秩父宮ラグビー場に隣接する協会オフィスで、19年Ｗ杯日本大会を見据えて競技のＰＲなどに努める。

「平尾さんだったらどうするか、心の中で思いながら仕事をしている」。一緒にプレーし、神戸にある行きつけのバーでハイボールを飲んでいた頃のように、胸中で〝ミスターラグビー〟の方を見ている。＝２０１８年2月17日

（メモ）Ｗ杯と深い関わり

４年に1度、ラグビー世界一を争うワールドカップ（Ｗ杯）は２０１９年日本大会で第9回を迎える。平尾誠二は大会組織委員会理事として、知名度を生かし国内外へのアピールに携わった。日本代表は１９８７年の第1回から出場を続け、平尾とＷ杯の関わりは深い。

第1～3回まで選手で参加。主将を務めた91年の第2回はジンバブエに勝ち、Ｗ杯初勝利に貢献した。99年の第4回は監督として臨み、3戦全敗。藪木によると、平尾は第5～7回も解説の仕事などで現地を訪れた。２０１５年大会は決勝戦のチケットを買ったが、体調不良で行けなかった。藪木は「楽しみにしていた。残念だったと思う」。

文・橋詰邦弘
写真・栗原一至

「サッカーW杯出場」歓喜の瞬間、ピッチへ

6大会裏方で支える　世界が称賛の「勲章」

息詰まるような空気がはじけた瞬間、麻生英雄《あそう・ひでお》（43）はピッチに向かって駆けだした。

1997（平成9）年11月16日、マレーシアのジョホールバルで行われたサッカーのワールドカップ（W杯）アジア第3代表決定戦。日本は岡野雅行《おかの・まさゆき》（46）の劇的な延長Vゴールでイランを下し、初挑戦から43年で、ついにW杯切符をもぎ取った。以降、6大会連続で出場する「常連国」に成長。4年ごとのW杯は、五輪と並び、多くの国民の心をつかむイベントにのし上がっていく。

求人誌

麻生はキットスタッフと呼ばれる代表チームの用具担当。「どんなに厳しい環境でも、選手に良いパフォーマンスを発揮してもらう準備を整えるのが私の役割。気持ちよくプレーできるよう心掛けている」と語る。初出場を果たした98年のフランスから今年のロシアまで、予選を含め6大会全てに帯同した不動の「レギュラー」だ。

選手到着の2時間ほど前に会場入り、ロッカールームにウエアを用意、ピッチにボールやマーカーコーン

キルギス戦で選手の練習をサポートするサッカー日本代表のキットスタッフ、麻生英雄＝愛知県豊田市の豊田スタジアム

を並べ、練習に備える。終わると、後片付け、選手のユニホームをまとめて洗濯。遠征では計４００個に上る段ボール箱やスーツケースなどの荷物を運び出し、受け取る。まさにチームに欠かせない裏方である。

高校を卒業して浪人していた時、手にした求人誌が人生を変える。サッカーには全く縁がなかったが、Ｊリーグの横浜フリューゲルスの職員に応募、50倍の競争率を突破した。仕事ぶりが評価され、97年２月に日本代表スタッフに加わる。それから間もなく22年、代表チームと訪れた国は「50ぐらいまで数えていたけれど……。今は60を超えていると思う」と笑う。

国を背負う

「百戦錬磨」の麻生が鮮烈に記憶に焼き付けているのは、「頭が真っ白になった」というジョホールバルの戦いだ。W杯を目前にしながら逃した「ドーハの悲劇」から4年。次の2002年大会は日韓共催が決まっており、「初出場が予選免除の開催国枠」という〝不名誉〟は何としても避けたかった。だが、アジア予選では思うように勝てず、監督の加茂周《かも・しゅう》(79)を更迭し、コーチの岡田武史《おかだ・たけし》(62)を昇格させる荒療治に追い込まれた。

いったんは自力突破が消えたものの、何とかはい上がり臨んだイラン戦。「負けたら日本に帰れない。国を背負う重さを感じた。胃薬を飲み練習している選手もたくさんいた」(岡野)という重圧は、傍らの麻生たちにも痛いほど分かった。麻生は試合が始まると、ハーフタイムの準備、後半は片付けや帰り支度などで、試合を直接見る機会はほとんどない。ただ、延長になれば選手がロッカールームに戻らないため、この試合は終盤からタオルや水をそろえ、ベンチ横で見守った。

延長が始まる直前、チームはピッチで円陣を組む。麻生はもちろん、女性栄養アドバイザーも輪に入った。「私たちにとって、彼らではありません。私たちそのものです」。NHKの実況中継の言葉は、日本中で祈るように見守る人々の気持ちを物語っていた。

歓喜の場面、真っ先に岡野ら選手のもとに飛び込んだのが監督の岡田。麻生は3番目だった。深夜、5千キロ離れた日本でも大歓声が湧き上がり、翌朝は新聞の号外がたちまちなくなる。あの熱狂は、バブル崩壊後の時代の閉塞《へいそく》感を一瞬であっても振り払ってくれたからかもしれない。「サッカーの力」(麻生)でもあった。

一つの文化

18年7月2日のW杯ベルギー戦。麻生はジョホールバルと同じように延長に備え、ロッカールームからベンチ脇に移動していた。そこでベルギーの完璧なカウンター攻撃の逆転弾を目撃する。「W杯はすごい。決勝トーナメントはレベルの違う戦いになった」。悔しかった。だが、それに浸る間もなく、帰る準備に頭を切り替えた。

「来た時よりもきれいにして帰ろう」が合言葉。必需品はほうきだ。スパイクの裏に付いた芝が散らばる床を掃くため持ち込む。ベルギーに敗退した夜、清掃を終え、折り鶴を置き、ロシア語で「ありがとう」と書き残した。このロッカールームの写真がインターネットで拡散、世界から称賛を浴びる。麻生らスタッフの「勲章」だった。

自身の人生を４年区切りに考える。仕えた代表監督は現在の森保《もりやす》・一《はじめ》（50）まで10人。練習でも試合でも、監督が何を考えているのか、先を読んで動くことが重要だと明かす。チームを支えるノウハウは積み上がった。

「W杯出場で日本代表の立ち位置が国民にも浸透し、サッカーが一つの文化になったと実感する。この仕事を通じて私も成長したし、経験を次の世代につないでいかなければならない」。選手や監督だけではない。麻生も20年東京五輪、22年W杯カタール大会、さらに先を見据えている。＝２０１８年12月15日

（メモ）本大会は狭き門

国際サッカー連盟（FIFA）に加盟している２１１の国・地域のうち、ワールドカップ（W杯）本大会に出場できるのは現在32と狭き門だ。日本は１９５４年のスイス大会に初挑戦した後、予選敗退が続いた。93年のアジア予選では、勝てば米国大会出場が決まるイラク戦で、終了間際に同点に追い付かれる「ドーハの悲劇」を経験した。

Jリーグのスタート（93年）を受け、W杯は日本サッカー界の悲願に。98年フランスの後は、２００２年日韓大会での開催国枠を含め、18年ロシアまで６大会連続で出場。本大会ではグループリーグ敗退が３回、決勝トーナメント進出が３回。ベスト16が最高成績だ。

第 10 章　福島第 1 原発事故

文・藤原　聡
写真・堀　誠

「東京電力福島第1原発事故」故郷に帰る日夢見て歌う

危険な除染作業の日々　亡き弟らにささげる曲

海鳴りが、叫び声をかき消した。「誰かいねえーか!」。2011（平成23）年3月27日、福島県浪江町の海沿いにある請戸《うけど》地区。漁港近くで生まれ育ったシンガー・ソングライター門馬《もんま》よし彦（38）は一人、防護服を着て行方不明の幼なじみたちを捜し歩いていた。

3月11日の大津波で民家がはぎ取られた荒れ地に、消防隊員、警察官の姿もない。陸地に広がる〝がれきの海〟に、漁船が点々と打ち上げられていた。門馬は8人の遺体を見つけたが、木片の山に埋まり、動かせない。「避難しないで捜索していたら、助かった人もいたはずなのに……」。東京電力福島第1原発が見える海岸で、唇をかんだ。

悪臭に耐える

請戸は第1原発の北約7キロにある。1号機の原子炉建屋が12日、水素爆発。半径20キロの全住民に避難指示が出され、捜索も打ち切られた。門馬は新潟県長岡市に避難したが、放っておかれることに耐えられず、単独で故郷に向かったのだ。

津波で墓石がなぎ倒された共同墓地で、帰郷できる日を夢見て作った「願い」を歌う門馬よし彦。祖父登の墓も流された＝福島県浪江町請戸

流された自宅は防波堤のすぐ下にあった。朝は防波堤で歯をみがき、2階から糸を放ちハゼを釣った。夏には友人たちと素潜りして採ったツブ貝を炭火で焼いて食べた。その思い出の漁師町が地上から消えてしまった。

門馬が避難指示を無視したのは、原発作業員の経験があったからだ。20歳の頃、東京電力の孫請け会社に入った。父の清《きよし》（60）も勤務する会社だ。主な仕事は定期検査中の第1原発などの原子炉や復水器の除染だった。原子炉除染の時は、現場に近づくと線量計のアラームが度々鳴る。「誰かのアラームが鳴ると、全員戻る。危険なので10分ほどで作業を交代した」

復水器には冷却用の海水が通る。内部にカラス貝の死骸が付着し、すさまじい臭いを発した。原因は硫化水素。悪臭に耐えて貝をそぎ落とす。目の前の作業員が硫化水素を吸い込み、気を失ったこともあった。

過酷な労働だったが、門馬は「原発で地元は潤っていた」と言う。清も一時、原発関係者が集う酒場を経営していたが、祖父の登《のぼる》（故人）だけは「もし原発が爆発したら、日本は終わるからな」と語っていた。登は気仙沼の遠洋マグロ漁船の乗組員だった。1954年3月、米国の水爆実験のため南太平洋で操業中の第五福竜丸が死の灰を浴び乗組員が死亡する事件があった時、同じ海域で登の乗った漁船も操業していたのだ。

奇跡の再会

門馬が人前で初めてギターを弾き歌ったのは中学3年の時だ。駅前の路上で夜通し歌い、聴衆の「投げ銭」でポケットが膨れた。「好きなことで稼げるのはいいな」。プロを目指し17歳の夏、家出して上京した。池袋の地下道で歌ったが、行き交う人々は見向きもしない。半年後、持ち金が底を突き、帰郷した。

間もなく福島県双葉町のロックバンドでギターを弾く大樹《ひろき》という少年と知り合う。「家に遊びに来ませんか」。3歳下の大樹に誘われ、自宅に行くと、なぜか彼の母親が涙を流した。門馬が3歳の時、生後間もない弟の大樹を連れて家を出た実母、文子《あやこ》（59）だった。

再会を果たした大樹と路上で歌い、地元のFMラジオ局で2年間、一緒に番組を担当した。だが2010年5月、悲劇が起きる。建物を撤去する仕事をしていた大樹が、転落事故で死亡したのだ。

門馬は亡き弟を思いながら作詞作曲を続け、初のCDアルバム「ひとひら」を制作した。発売日は11年3月2日。9日後、大震災が襲った。

防波堤

門馬はギターを手に避難所を回ったが、同県会津若松市での演奏が忘れられない。避難所の体育館に行くと、行政担当者が「きょうは駄目」と拒絶した。高齢者が救急車で運ばれたからだ。

外で歌うことにした。声を掛けると、全員が表に出てきた。リクエストが次々と出る。「最後は寒空の下、大合唱になった。あの時ほど、この仕事をやっていて良かったと思ったことはない」

被災者を励まし、復興を願う歌は、作れなかった。「原発事故のせいで帰れないのに、『頑張ろう』とは歌えなかった」

「願い」という曲ができたのは1カ月後だ。〈夢であればいいと毎日目を閉じるよ　いつもの穏やかな　ふるさと思い浮かべて〉。ようやく書き上げた歌詞だった。

門馬は毎年3月11日、請戸漁港の防波堤に一人座って歌う。「歌っていると、不思議と人が集まって来るような感覚になるんです」。ある夜、亡くなった人たちが防波堤に立っている夢を見た。皆、違う方向を見ている。海、小学校、第1原発……。同級生の亡き父親は「請戸を守らなきゃいけないから、ここに立っているんだ」と言った。

（メモ）事故後の捜索と慰霊碑

東京電力福島第1原発事故の後、福島県浪江町の請戸地区で初めて大規模な捜索が実施されたのは2011年4月14日だった。福島県警や地元消防隊などが300人態勢で請戸漁港周辺を捜索。当初の3日間だけで49人の遺体が見つかった。

浪江町の死者・行方不明者は計182人。遠浅の海に面しているため、過去に大きな津波被害はなかったが、東日本大震災では15メートルの津波が請戸など海沿いの4集落を襲った。17年3月11日、海を望む霊園に建立された慰霊碑には「住民にはこれまで大津波被災の記憶はなく、避難が遅れ大津波に驚愕《きょうがく》し、集落は全てのみ込まれた」と書かれている。

「願い」に、こんな一節がある。〈何もかも流されて　何ひとつ残ってないけれど　また暮らしたい　いつかきっと〉

「どれだけ時間がかかろうと僕は帰る」と門馬は言う。「また海のすぐ近くに住み、海鳴りを聞いて暮らしたい」＝2018年2月24日

「大飯原発再稼働」誘致の元助役、揺れる自負

福島で「自慢話」後悔も　住民説明はアリバイに

文・小川まどか
写真・坂本佳昭

福井県おおい町の関西電力大飯原発は、運転停止と再稼働の間で揺れ動いた。２０１８（平成30）年３月と5月、3、4号機が再稼働するまでの経緯をたどると、紆余《うよ》曲折が見えてくる―。

東京電力福島第1原発事故で国内の全原発が停止する中、大飯原発は12年7月、暫定基準に基づき再稼働した。定期検査で約1年後に停止したが、17年5月、原子力規制委員会の審査に合格。関電は再稼働計画を示す。

2カ月後、再稼働を巡り、おおい町で開かれた住民説明会は紛糾した。「いつまでしゃべっとんのか」。傍聴に訪れた住民のやじや司会者の制止を振り切りながら、永井学《ながい・まなぶ》（85）は国の担当者に質問を続けた。反対派ではない。町の幹部職員として大飯原発の誘致や増設に奔走した張本人だ。

陸の孤島

使用済み核燃料の処分方法や事故時の避難道路整備……。永井は、再稼働に当たり解決すべき課題について、当然の疑問をぶつけただけだった。

「町民に分かるような答えは返ってこなかった。議論もない」と永井は憤る。かつて自らが実現させた国による住民説明の場は形骸化し「町民理解」のアリバイづくりにすぎなくなっていた。

永井は1962年、合併前の旧大飯町に就職。産業課長、企画財政課長を歴任し、18年前に助役で退職するまでの大半の期間、原子力行政に携わった。

町議会が原発誘致を決議したのは69年だった。予定地は若狭湾に突き出た大島半島の先端で、病院へも船で行き来する陸の孤島。人並みの生活をするため道路や橋を手に入れるのと引き換えに、原発を受け入れたのだ。

しかし、原子炉の冷却水を付近の河川から供給する計画が明るみに出て反対運動が激化、町長は辞任する。永井は「自分が納得できないことを町民に納得してくれとは言えない」と原発の知識を蓄えて、国とのパイプづくりに走り回った。

原発立地を進める通商産業省や安全面を担当する科学技術庁、安全の審査をする専門家と話し合い、住民説明会は地区ごとに何度でも開催した。

建設後もトラブルが起こるたび、原発に駆けつけて説明を求めた永井。再稼働に反対はしないが、「慎重にやらないと駄目だ」と考えている。

迷惑施設

誘致した自治体の職員として各地で講演した中に、福島第1原発のある福島県の浜通り地方もあった。「誘致して良かったことを自慢話のように話していた」。未曽有の原発事故発生に衝撃を受け、後悔の念も湧い

船上で関西電力大飯原発（奥）を遠望する永井学。1、2号機の廃炉と3、4号機の再稼働が隣り合わせの現状に「安全確保を祈りたい」と話した＝福井県おおい町沖

た。

一方、事故が起こるまで無関心だった国民の間に、原発反対の声が急に高まったことに違和感も覚えた。稼働原発がゼロとなる中、3、4号機だけが再稼働することに、福井県と隣接する滋賀県の知事嘉田由紀子《かだ・ゆきこ》（68）や電力の大消費地大阪市の市長橋下徹《はしもと・とおる》（49）らが批判の声を上げた。

「原子力発電所は迷惑施設ですか」。2012年4月の住民説明会で、再稼働に理解を求める政府関係者に永井は疑問を投げ掛けた。国策に協力し、経済成長を下支えしてきたという自負が傷つき、揺れていた。「迷惑施設と言うなら、迷惑を掛ける側（電力消費地の人間）が頭を下げるのが常識じゃないか」。原発を過疎地に押し付け、恩恵を受けながら批判する消費地のエゴに腹が立った。

おおい町の隣の小浜市で反対運動を続け、18年3月の3号機再稼働時には大阪市の関電本店前で抗議の断食をした僧侶中嶌哲演《なかじま・てつえん》（76）は「原発が安全で必要だと言うなら、なぜ電気を使う都会につくらないのか。差別にほかならない」と訴える。

永井がいる町役場前で断食したこともあり、立場は相いれないが「橋やトンネルという先祖代々の悲願を国や県は放置してきた。原発と引き換えに実現するという思いは理解できる」と話す。「巨大な推進側が相手でも、踏みつぶされずに要求を貫いた。気骨を持ってやったんだなと思う」

対等に渡り合う

17年12月、町は新たな局面を迎えた。運転開始から40年を迎えようとしている大飯原発1、2号機の廃炉決定だ。新聞報道が先行。関電は否定し続けたが、程なく臨時取締役会で正式決定した。

地元にまともな説明はなかった。「町は末代まで跡地と向き合わなければならない。建設時と同じような労力をかけて、社長が説明に来るべきだ」と永井。廃炉は仕方がないと思うが、決定プロセスに不満が募る。

おおい町では、3、4号機が運転を続ける隣で、過去に経験のない100万キロワット級の1、2号機の廃炉作業をする。「至

（メモ）若狭湾の原発半数が廃炉

大飯原発1、2号機の建設に伴い1974年6月、福井県大飯町（現おおい町）の大島半島と町中心部を結ぶ全長743メートルの「青戸の大橋」が開通した。2基は陸の孤島を脱する恩恵をもたらしたが、廃炉となった。

福井県の若狭湾沿岸に集中した原発15基のうち廃炉となったのは、この2基を含め日本原子力研究開発機構の高速増殖原型炉もんじゅなど計7基に上る。一方、2018年5月までに大飯3、4号機など4基が再稼働した。

地元には廃炉作業による雇用確保や経済効果への期待もあるが、原発絡みの交付金や固定資産税収入の減少は避けられず、関係自治体は厳しい財政運営を迫られている。

難の業。安全確保や地域振興について、町民が納得できる文書を関電との間で残さないといけない」

過疎の立地自治体の職員でも大きな流れに翻弄《ほんろう》されず、事業者らと対等に渡り合う能力を身につけてほしいと願う。永井は助役を辞めて町役場を去る時、「行政が牛耳られるような原発城下町では駄目だ」と職員に言い残した。＝２０１８年６月30日

「核燃料サイクル施設」危険と裏腹の活況

国策に翻弄された村　故郷守ると反対貫く

文・久江雅彦
写真・堀　誠

下北半島の太平洋岸に位置する青森県六ケ所村。原生林と牧草地が広がる。日本原燃がこの平原で核燃料サイクル施設の建設に着手したのは1993（平成5）年4月のことだった。施設の一部が稼働し、かつて貧しかった村の財政は大きく好転した。その活況の背後から、菊川慶子《きくかわ・けいこ》（69）は「ひとたび放射能漏れ事故が起きれば、この地域は壊滅する」と訴えてきた。今や、表立って反対する村民は彼女の他にほとんどいない。この村の来し方行く末をどう見ているのか、菊川を訪ねた。

危険な脱原発

「あれは東京電力福島第1原発事故が起きた直後でした。『六ケ所も危険にさらされる』という声が村議や村役場から聞こえてきたのです」。村の中心部から車で20分余り。入植者が戦後に開拓した倉内地区の自宅で、菊川はストーブにまきをくべながら語り始めた。原発事故の後、ここでも「脱原発」の兆候が出てきた？　そう聞くと、菊川は首を横に振った。

「いいえ、その逆です。『脱原発』が現実化すると、核燃の必要性がなくなってしまう。そうなれば、国

日本原燃の使用済み核燃料再処理工場の施設が見える丘に立つ菊川慶子。東京電力福島第1原発事故の後、逆に「施設がなくなっては困る」という危機感の方に向かっている

からの莫大《ばくだい》な補助金も、核燃に伴う雇用も消えかねない。だから六ケ所にも危険というわけです」

核燃サイクルは、日本各地の原子力発電所の使用済み核燃料を集めて、そこからウランとプルトニウムを取り出す再処理工場が中核。原発が動かなくなれば、この施設そのものが不要になってしまうとの警戒感が強まったのだ。

全国的に過疎が深刻化する一方、六ケ所村の人口は核燃が動きだした90年代から1万人超で推移している。総人口に占める65歳以上の割合（高齢化率）は２０１８年3月時点で25・5％と県内でも最低レベルだ。農林漁業が主体だった村は今、核燃とその関連企業で働く人が大半を占める。

青森県の市町村民経済計算（14年度）によると、企業所得を含む六ケ所村の住民1人当たりの市町村民所得は、１５５７万円と9年連続で県内トップとなった。

原点へ帰る

菊川は六ケ所村に近い旧三本木町（現十和田市）で生まれた。３歳の時に六ケ所へ移り、中学2年生までここで育った。両親は原野を牧草地に開拓し、牛舎を造った。「貧しくても、野山を駆け巡り楽しかった子どもの頃を今も覚えている」

中学を卒業して集団就職で上京した。結婚して千葉県松戸市で「普通の主婦」として日々を送っていた1986年、旧ソ連のチェルノブイリで原発事故が起きる。放射能汚染で故郷を追われた異国の人たち。核燃の是非で賛成派と反対派に二分した六ケ所が重なった。

村では前年に村長、古川伊勢松《ふるかわ・いせまつ》（故人）が「振興に寄与する」と核燃の受け入れを表明し、村内で賛否の対立が激化した。着工への転機は89年の村長選。賛成、反対、凍結の3候補が争った選挙で凍結を唱える土田浩（故人）が当選し、反対運動に関わっていた村民の多くが凍結派へ流れた。だが土田は賛成へ転じ、反対派は分裂していく。

「核燃サイクルの着工を止めたい」。菊川が夫と子どもを説得し、六ケ所へ戻ってきたのは翌90年春のこと。特定の政党を支持しているわけではない。「ただ故郷を守りたいだけ。それは、自分の原点だから」

ごみ捨て場

帰郷した菊川は「核燃に頼らない村づくり」を目指し、農場「花とハーブの里」を設立した。チューリップまつりを開催したり、ジャムを販売したり。その傍らで、反核燃の情報誌も発刊。村長選や村議選に立候補したが、惨敗を喫した。

雇用の確保、ショッピングモール、しゃれた公共施設の数々……。六ケ所の日常は豊かさを謳歌《おうか》しているかに映るが、菊川は「この村の活況は、とてつもない危険と裏腹の関係にあるのです」。

核燃が存在しなければ、過疎化が進み、衰退の一途をたどったのではないか。疑問をぶつけた。

「村全体に『核燃頼み』の風潮が広がり、他の方法で村の将来像を描く熱意も議論も消えうせた。六ケ所の自然を生かした1次産業で生きる道は見つけられると思う」

菊川は今、牛舎を改築したゲストハウスに国内外の人たちを招き、核燃問題を説き続けている。

中枢となるはずの再処理工場は当初、97年に完成予定だったが、安全管理上のトラブルが相次ぎ、24回も延期された。

そもそも使用済み核燃料の再処理で得るプルトニウムを燃料に使う高速増殖原型炉「もんじゅ」はトラブル続きで廃炉が決定し、再処理工場稼働のめどは全く立っていない。使用済み核燃料の最終処分場も決まっていない。

平成の時代と重なった自らの反対運動を振り返り、菊川は言う。「このままでは六ケ所村に『核のごみ』が集積されていくばかり。私の故郷は今も国策に翻弄《ほんろう》されています」＝2018年5月12日

（メモ）頓挫する再処理構想

日本は原発で使ったウラン燃料を再処理し、まだ燃やせるウランとプルトニウムを取り出して燃料とする「核燃料サイクル政策」を掲げる。だが六ケ所村の再処理工場は度重なる不具合や安全対策で完成が遅れ、総事業費は試算で13兆9千億円に拡大。「もんじゅ」などプルトニウムを使う予定だった原子炉の開発も中断し、構想は頓挫している。

それでも再処理の看板を下ろせない理由は、使用済み燃料を六ケ所に何かの名目で引き受けてもらわないと各原発にあふれて発電に支障が出かねないからだ。六ケ所には既に大量の使用済み燃料がたまっている。再処理事業が滞れば、その行方も宙に浮く恐れがある。

「アスベスト被害」日常に潜む死の病

遅れた国、企業の対応　暴露された公害

文・諏訪雄三
写真・大野未知

アスベスト（石綿）が原因のがんの一種「中皮腫」に苦しんでいた土井雅子ら3人が2005（平成17）年6月30日、兵庫県尼崎市内で記者会見。大手機械メーカー「クボタ」から1人200万円ずつ見舞金を受け取ったことを明らかにした。石綿を扱う工場労働者の病気とされていた中皮腫に、クボタの旧神崎工場近くに住んでいただけでかかった可能性を会社側が認めた。工場から飛んで来る石綿を吸い込むだけで死に至る。水俣病、四日市ぜんそくなどと同じ理不尽な公害病の被害が暴露された。

工場から煙

会見に同席した「中皮腫・アスベスト疾患・患者と家族の会」世話人、古川和子（70）らが〝加害者〟を探り当てた。古川は関西電力の下請け業者で火力発電所の保守や修理の仕事に携わる夫を石綿が原因の肺がんによって60歳で亡くしていた。「夫も危険な物と言っていました。いざ病気になって本当に危ないんだなと……」。多くの人の支援を受けて何とか存命中に労災認定された。

「相談相手のいない苦しみ、孤独」を感じ、同じ境遇で悩む人らの助けになればと「家族の会」を04年2月

住んでいた寮の跡地で、当時の写真を持って語る平田忠男。後ろに見えるのが工場跡にできたクボタの阪神事務所＝兵庫県尼崎市

に結成。最初は海運会社などで働き病気になった人たちの相談に乗った。石綿を吸い込み発症するまでの期間は20年とも、30年ともいわれる。「職場で使っていたことを証明し何とか労災を勝ち取りました」

そんな時に紹介されたのが、入院中だった土井だ。「同い年で、普通の主婦がどうして中皮腫に……。本当に驚き怖くなりました」と古川。土井が通った市内の小中学校が原因と疑ったが、在学中には石綿の断熱材を使っていない。古川は土井の家の近くにあって、石綿を使い水道管などを製造していたクボタが怪しいと思うようになった。

工場近くを聞き込み中に立ち寄ったガソリンスタンドで、女性経営者も同じ病気だと知る。「『クボタの工場からモクモクと煙が出ているのが家の窓から見えた』などの話を聞き、やっとつながりが見えてきました」

異例の措置

古川は、地域の工場の実情に詳しい尼崎労働者安全衛生センターの事務局長で市議の飯田浩（71）らを頼った。一緒にクボタ側と接触した。クボタ側は石綿関連で従業員が既に75人も死亡していたと明らかにする。工場近くに住む人からも、石綿特有の病気である中皮腫の患者が出たことに驚き対応の検討を始めた。

2カ月の交渉の後、記者会見の日にクボタ側は「因果関係の立証には時間がかかるが、可能性は否定できない」として見舞金を手渡した。被害の拡大からその年末には社長が謝罪し、翌年には患者や遺族との合意に基づき救済金2500万〜4600万円の支払いが決まった。裁判を経ずに被害者に補償する異例の展開だった。国も石綿健康被害救済法を制定、全国で同様のケースなどの救済に乗り出しており、17年度末の認定は1万2886人に上っている。労災認定を受けた人はもっと多い。

古川を支えた飯田が振り返る。「当時、中皮腫は100万人に1人がかかるぐらい、とされていた。クボタ周辺で出ても20〜30人と考えましたが、大間違いでした」

センターは、クボタから救済金などを受け取るのに必要な書類を整え提出する窓口の役割を担う。提出数は10月末で340人を超えた。被害はさらに膨らみそうだ。

心を削って

古川らが結成した「家族の会」の会長は平田忠男（75）が務めている。1989年に弟を亡くしたが、クボタが原因だと知ったのは3人の会見後だ。平田は50年からJR尼崎駅近くの工場の北側にあった郵政職員の宿舎「角田寮」に両親、弟と一緒に18年間住んでいた。クボタが石綿を使っていた時期とほぼ重なる。

「雨の翌日には黒い雨傘が真っ白になり、窓を開けているとすぐに畳がざらざらしました。綿ぼこりのようなものが洗濯物に付いて困ると母親たちが苦情を言いに行ったこともあります」。41歳で死んだ弟らの幼い頃の写真を手にそう語る。

クボタによる被害を知って、寮に住んでいた人同士で連絡を取り合うようになった。「弟ら5人が中皮腫などで死亡し1人が治療中です。私も含め何人かが、石綿の粉じんを吸いこんだことによる胸膜プラークがあります」。時限爆弾のようなものを胸に抱えている。

石綿による肺疾患の怖さは戦前から知られていたが、労働者への国の賠償責任を認める最高裁判決が出たのはわずか4年前だ。被害がこれだけ拡大したことに対し古川は「国や企業がもっと早く動けば軽減されたはず」と批判する。

石綿による公害を公にした3人は既に世を去った。被害者との出会いの先に別れがある。「それが早過ぎるのがつらいんです」。心を削るような思いで古川は寄り添い、支援している。＝2018年11月24日

（メモ）対策怠れば拡大も

アスベスト（石綿）は極めて細い繊維からなる天然の鉱物で熱、摩擦、酸・アルカリに強く、丈夫で変化しにくい。値段も安く「奇跡の鉱物」と呼ばれた。スレート材や保温・断熱材などの建材、水道管、自動車のブレーキ部品などに使われた。総消費量は1千万トンに上る。労働者を守る観点から規制が始まり、国内で石綿が全面禁止となったのは2006年のことだ。

建材に含まれる石綿の多くはまだ建物に残っている。阪神大震災のがれき処理でも大量に飛散し、作業員が中皮腫で死亡した。解体する際、石綿の飛散や吸引をどう防ぐかが残った最大の課題だ。対策を怠れば被害はまだまだ拡大する。

あとがき

本書は、共同通信社が２０１８年1月から12月まで全国の加盟新聞社に配信し、35紙が掲載した連載企画「平成をあるく」を基にしている。全50回の連載記事に、田原総一朗氏のエッセイ、高村薫、磯田道史、斉藤惇、水無田気流の４氏の座談会を加えてまとめた。

平成は「国の内外にも、天地にも平和が達成される」という元号の意味とは裏腹に、波乱に満ちた30年だった。

最大の出来事は、東日本大震災と東京電力福島第1原発事故である。大震災による死者・行方不明者は計1万8千人を超え、大量の放射性物質を放出した原発事故のため、4万人以上が今なお福島県内外で避難生活を送っている。原子炉、使用済み核燃料を冷却し続けるため高濃度汚染水は増えるばかりで、事故収束のめどは全く立っていない。

地下鉄サリン事件、幼女連続誘拐殺人事件などの凶悪犯罪も相次いだ。バブル経済が崩壊して「失われた20年」を経た後も景気上昇の兆しは見えず、ＩＴと市場経済の拡大は格差社会も生み出した。非自民、自社さ、自自公、民主…、そして自公の安倍内閣。政権の枠組みは次々と変わり、短期間で首相が交代する不安定な政治状況が続いた。

田原氏は「日本の一番の『国難』は少子高齢化、人口減少」と指摘する。その要因の一つは、昭和末期の１９８６年に施行された労働者派遣法だ。当初は派遣業務が限られていたが、平成の間に何度も「改正」

され、派遣業務は増加。非正規労働者の割合は現在、40％にもなる。非正規の平均給与は正社員の３分の１程度に抑えられている。こうした不安定な境遇にあれば、家庭を持ち子どもを育てることはできない、というのが実情だろう。

もちろん、一つの時代が暗い話題ばかりに終始することはあり得ない。相次いだノーベル賞受賞や大リーグでの日本人選手の活躍は、閉塞した社会にさわやかな風を吹き込んだ。アイドルの活躍、漫画・アニメの隆盛などと共に、平成の明るい面として本書で取り上げた。

連載には、共同通信社の記者と写真映像記者、フリーの写真家ら計46人が参加した。書籍化に当たっては柘植書房新社の上浦英俊氏にお世話になった。この場を借りて、皆さまに感謝したい。

２０１９年11月

「平成をあるく」編集長（共同通信社編集委員）　藤原　聡

平成年表

1989年（平成元年）

1月8日　平成に改元
4月1日　3％の消費導入
5月22日　リクルート事件で藤波孝生元官房長官ら議員2人を起訴
6月24日　昭和歌謡界の女王美空ひばりが死去
7月23日　幼女への強制わいせつ容疑で宮﨑勤元死刑囚を逮捕。後に4人の幼女誘拐殺人判明
11月4日　横浜市の坂本堤弁護士一家3人が失踪。後にオウム真理教による殺害と判明
11月21日　日本労働組合総連合会（連合）発足
12月29日　東京株式市場の日経平均株価が3万8915円の最高値記録

1990年（平成2年）

6月9日　89年の合計特殊出生率が1・57に低下したことが判明。少子化対策の契機に

1991年（平成3年）

1月17日　湾岸戦争開戦
2月　景気拡大局面終了。バブル崩壊へ
4月26日　海上自衛隊掃海艇がペルシャ湾に初の海外派遣
5月14日　滋賀県の信楽高原鉄道で列車同士が衝突。乗客乗員42人が死亡
6月3日　長崎県雲仙・普賢岳噴火で火砕流発生。43人が死亡・行方不明
7月23日　中堅商社「イトマン」を巡る巨額資金流失事件で、許永中受刑者らを逮捕

1992年（平成4年）

6月15日　国連平和維持活動（PKO）協力法成立
9月12日　毛利衛さん、日本が選んだ宇宙飛行士として初めて宇宙に

1993年（平成5年）

3月6日　東京地検が巨額脱税事件で自民党の金丸信前副総裁を逮捕
5月15日　サッカーJリーグ開幕
7月12日　北海道南西沖地震。死者、行方不明230人。奥尻島は津波で甚大な被害
8月6日　細川護熙日本新党代表が首相に。非自民の8党派連立政権発足へ
12月　姫路城（兵庫県）など4件が日本初の世界遺産に登録

1994年（平成6年）

1月29日　衆院小選挙区比例代表並立制導入を柱とする政治改革関連4法が成立
4月26日　名古屋空港で中華航空機が着陸に失敗、乗客ら64人死亡
6月27日　松本サリン事件。住民8人死亡
6月30日　村山富市内閣発足。自民、社会、新党さきがけ3党連立

1995年（平成7年）

1月17日　阪神大震災。神戸市などで観測史上初の震度7記録。死者6434人、行方不明者3人
3月20日　東京で地下鉄サリン事件。13人死亡。6000人以上が重軽傷
3月30日　警察庁長官が自宅前で狙撃され重傷
5月16日　警視庁がオウム真理教を強制捜査し、松本智津夫元死刑囚＝教祖名麻原彰晃＝を逮捕
7月30日　東京都八王子市のスーパーで強盗殺人事件。

11月9日　女子高生ら3人が拳銃で頭を撃たれ殺害
11月23日　米大リーグ・ドジャーズの野茂英雄が新人王
12月8日　パソコン用基本ソフト「ウィンドウズ95」日本語版発売
福井県の高速増殖原型炉もんじゅでナトリウム漏えい事故

1996年（平成8年）
2月10日　北海道・積丹半島の豊浜トンネルが崩落、バスと乗用車が巻き込まれ20人死亡
4月12日　日米両政府が沖縄県の米軍普天間飛行場全面返還と県内施設で合意

1997年（平成9年）
4月1日　消費税率5％
6月28日　神戸市で小学生2人が殺害された事件で、中3の14歳少年逮捕
11月17日　北海道拓殖銀行が経営破綻
11月24日　山一証券が自主廃業決定

1998年（平成10年）
2月22日　長野五輪で日本は金5を含むメダル10個。ジャンプ団体で日本が同種目初制覇
6月26日　初出場だったサッカーW杯フランス大会で、日本は3戦全敗
7月25日　和歌山市で毒物カレー事件。4人死亡、63人ヒ素中毒に。同年10月林真須美死刑囚を逮捕

1999年（平成11年）
2月12日　日銀が「ゼロ金利政策」の導入決定
2月28日　臓器移植法に基づく初の脳死判定。その後、初の脳死からの移植を実施
3月27日　日産自動車がルノーとの資本提携発表。カルロス・ゴーン最高執行責任者（COO）就任へ
4月1日　市町村の「平成の大合併」始まる
8月9日　国旗国歌法成立
12月1日　人材派遣の対象業務を原則自由化する改正労働者派遣法が施行

2000年（平成12年）
3月　北海道の有珠山が噴火。事前避難で犠牲者なし
4月1日　介護保険制度が始まる
4月5日　森喜朗内閣が自民、公明、保守3党連立で発足
7月21日　沖縄サミット開幕
9月24日　シドニー五輪女子マラソンで高橋尚子が日本陸上女子初の五輪制覇
9月29日　第一勧業銀行、富士銀行、日本興業銀行が経営統合
12月31日　東京都世田谷区の住宅で一家4人殺害

2001年（平成13年）
6月8日　大阪教育大付属池田小校内で児童殺傷事件。8人死亡。乱入した宅間護元死刑囚を逮捕
9月1日　東京・新宿の歌舞伎町雑居ビル火災
9月11日　米中枢同時テロ
10月29日　テロ対策特別措置法成立。翌月、海自支援艦隊をインド洋派遣

2002年（平成14年）
6月14日　アジア初開催のサッカーW杯日韓大会で日本が決勝トーナメント進出
9月17日　小泉純一郎首相が北朝鮮訪問。翌月、拉致被害者5人が帰国

2003年（平成15年）
6月6日　武力攻撃事態法など有事関連法成立

2004年（平成16年）
1月26日　小泉首相がイラク南部サマワへの陸上自衛隊本

隊の派遣決定
4～8月　韓国ドラマ「冬のソナタ」ＮＨＫ総合で放送
10月3日　イチローが大リーグ最多262安打
10月23日　新潟県中越地震。最大震度7。68人が死亡

2005年（平成17年）
4月25日　兵庫県尼崎市のＪＲ福知山線で快速電車が脱線、乗客106人と運転士が死亡

2006年（平成18年）
1月23日　東京地検が証券取引法違反容疑でライブドアの堀江貴文社長を逮捕
3月20日　野球のＷＢＣで日本が初代王者
12月15日　改正教育基本法、防衛庁の省昇格関連法成立

2007年（平成19年）
2月　「消えた年金問題」発覚
7月16日　新潟県中越沖地震。最大震度6強。15人死亡

2008年（平成20年）
6月8日　東京・ＪＲ秋葉原駅近くの歩行者天国で、派遣社員加藤智大死刑囚が通行人ら17人を殺傷
6月14日　岩手・宮城内陸地震。最大震度6強、死者・行方不明者23人
7月7日　北海道洞爺湖サミットが開幕
7月11日　米アップルのスマートフォン「ｉＰｈｏｎｅ（アイフォーン）」が国内販売開始
9月15日　リーマン・ショック
年間　日本の総人口が1億2808万人（10月1日時点）でピークに。減少局面に入る

2009年（平成21年）
3月10日　日経平均株価が7054円のバブル崩壊後最安値
5月21日　裁判員制度を導入
7月　中国・九州北部豪雨。36人が死亡
8月30日　衆院選で民主党圧勝。9月に鳩山由紀夫代表が首相に選出
11月4日　ヤンキースの松井秀喜が日本勢初のワールドシリーズＭＶＰ
11月29日　横綱白鵬が86勝で年間最多勝更新
年間　実質国内総生産（ＧＤＰ）が前年比5・4％減、戦後最悪のマイナス成長

2010年（平成22年）
6月13日　探査機はやぶさが地球に生還。小惑星イトカワから微粒子を持ち帰る
9月21日　厚生労働省の文書偽造事件で、最高検が証拠隠滅容疑で大阪地検特捜部の主任検事逮捕

2011年（平成23年）
3月11日　東日本大震災。東京電力福島第1原発事故。沿岸各地に大津波が襲来。死者・行方不明者が1万八〇〇〇人以上
7月17日　サッカー女子Ｗ杯で日本が初優勝
7月24日　地上デジタル放送完全移行（被災した東北三県を除く）
8月　紀伊半島豪雨。三重や奈良、和歌山各県などで死者83人、行方不明者15人
10月31日　円相場が1ドル＝75円32銭の戦後最高値

2012年（平成24年）
7月　九州北部豪雨。死者30人、行方不明者3人
9月11日　政府が尖閣諸島国有化
10月8日　ｉＰＳ細胞を開発した山中伸弥氏にノーベル医学生理学賞
12月16日　衆院選で自民、公明両党が政権奪還。10日後、第2次安倍晋三内閣発足

2013年（平成25年）

10月　台風26号により各地で大雨。死者・行方不明者43人
12月6日　特定秘密保護法成立

2014年（平成26年）

3月27日　袴田事件で再審開始決定、死刑確定の袴田巖さん48年ぶりに釈放
4月1日　消費税率8％
7月1日　政府が憲法9条の解釈を変更し、集団的自衛権の行使容認を閣議決定
9月27日　御嶽山噴火。死者・行方不明者63人。戦後最悪の噴火災害に

2015年（平成27年）

8月11日　九州電力川内原発1号機（鹿児島県薩摩川内市）が東日本大震災後、初の再稼働
9月19日　安全保障関連法が成立

2016年（平成28年）

1月29日　日銀がマイナス金利政策の導入決定
日本など12カ国が環太平洋連携協定（ＴＰＰ）に署名、米国はその後離脱
4月　熊本地震。14日に熊本県益城町で震度7。2日後に震度7の本震。死者50人、その後の災害関連死は200人以上
5月26日　伊勢志摩サミット開幕。翌日、オバマ米大統領が広島訪問
7月26日　相模原市の知的障害施設で入所者の男女19人が刺殺される。元施設職員の植松聖被告を逮捕
8月8日　天皇陛下が退位への思いをにじませたビデオメッセージ発表
8月21日　リオデジャネイロ五輪で日本は金12を含む史上最多41個のメダル
8月下旬　台風10号が統計開始以来初めて東北太平洋側に直接上陸。岩手県と北海道で27人が死亡・行方不明

2017年（平成29年）

6月15日　「共謀罪」の趣旨を盛り込んだ改正組織犯罪処罰法が成立
6～7月　九州北部の豪雨。死者・行方不明者43人
8月1日　東芝が東証1部から2部へ降格
9月9日　陸上男子の桐生祥秀が100メートルで日本人初の9秒台、9秒98

2018年（平成30年）

2月25日　平昌五輪でフィギュアの羽生結弦が2連覇するなど日本は金4を含む史上最多13個のメダル
7月6日　オウム真理教の松本智津夫元死刑囚らの刑が執行
9月6日　北海道地震。厚真町で震度7。直接の死者41人。北海道電力苫東厚真火力発電所が被災し、国内初の全域停電（ブラックアウト）
9月8日　女子テニスの大坂なおみが全米オープンで日本勢初の四大大会シングルス制覇
11月19日　東京地検が日産自動車ゴーン会長逮捕
12月18日　18年の訪日外国人旅行者が年間として初めて3000万人突破

2019年（平成31年）

4月1日　菅義偉官房長官が新元号「令和（れいわ）」発表

■編者　一般社団法人　共同通信社

東京都港区東新橋1-7-1　汐留メディアタワー20F　編集委員室

写真提供：共同通信社

平成をあるく

2019年12月15日　第１刷発行　定価2000円＋税

編　　者　一般社団法人　共同通信社

発　　行　柘植《つげ》書房新社

〒113-0001　東京都文京区白山1-2-10-102

TEL03（3818）9270　FAX03（3818）9274

郵便振替00160-4-113372

https://tsugeshobo.com

装　　幀　小野完次

印刷・製本　創栄図書印刷株式会社

乱丁・落丁はお取り替えいたします。　ISBN978-4-8068-0734-6 C0030